天津市高等学校科技成果奖励项目

天津市大众体育公共服务实施策略研究

李 英 著

北京体育大学出版社

策划编辑：李志诚
责任编辑：李志诚
责任校对：韩培付
版式设计：小　小

图书在版编目（CIP）数据

天津市大众体育公共服务实施策略研究/李英著
.—北京：北京体育大学出版社，2021.12
ISBN 978-7-5644-3561-5

Ⅰ.①天… Ⅱ.①李… Ⅲ.①群众体育-公共服务-研究-天津 Ⅳ.①G812.4

中国版本图书馆CIP数据核字（2022）第007526号

天津市大众体育公共服务实施策略研究
TIANJINSHI DAZHONG TIYU GONGGONG FUWU SHISHI CELUE YANJIU
李　英　著

出版发行：北京体育大学出版社
地　　址：北京市海淀区农大南路1号院2号楼2层办公B-212
邮　　编：100084
网　　址：http://cbs.bsu.edu.cn
发 行 部：010-62989320
邮 购 部：北京体育大学出版社读者服务部010-62989432
印　　刷：北京建宏印刷有限公司
开　　本：710毫米×1000毫米　1/16
成品尺寸：170毫米×228毫米
印　　张：10
字　　数：184千字
版　　次：2021年12月第1版
印　　次：2021年12月第1次印刷
定　　价：55.00元

前　言

本书是在天津市人文社科项目——“天津市大众体育公共服务实施策略研究”成果的基础上撰写而成。天津市作为四大直辖市之一，近年来在政治、经济和社会等各项工作中都取得了非凡的成就。大众体育事业一直是天津市政府非常重视的惠民工程。《天津市国民经济和社会发展第十三个五年规划纲要》（以下简称《天津市“十三五”规划纲要》）明确指出，“十三五”期间要大力发展群众体育，加强公共体育设施建设和管理，基本建立覆盖城乡的全民健身服务体系。本书旨在全面了解当前天津市大众体育公共服务的现状，总结天津市大众体育公共服务发展的成功经验，发现存在的问题，为更好地发展天津市大众体育事业谏言献策。

本书分为四个部分。第一部分为导论。本部分详细介绍了本研究的社会背景，阐述了本研究的核心概念，阐明了本研究的理论与现实意义。第二部分介绍了天津市大众体育公共服务的理论与实践背景，从天津市大众体育公共服务供给主体、供给产品、供给模式和供给绩效等方面分析了天津市大众体育公共服务体系特征，介绍了国外大众体育公共服务的经验与启示。第三部分以天津市城区（社区）、乡镇（农村）部分群众为调查对象，对天津市大众体育公共服务现状展开了调查，并对调查结果进行了分析。第四部分在前面研究结果的基础上得出了研究结论，并提出了进一步发展天津市大众体育公共服务体系的对策。

最后，衷心感谢为本书提供大力支持的挚友玄文波，感谢在本书出版过程中提供帮助的各位同事、朋友。

目录

目录

第一篇 导 论

第一章 问题提出

第一节 选题背景

20 世纪 80 年代，新公共管理运动兴起的内在动因主要是西方主要发达国家面临 3 种危机：财政危机、管理危机和信任危机。

为化解政府管理的困境，西方主要发达国家先后开展了声势浩大的政府改革运动。在这场改革运动中产生了两种不仅对发达国家同时也对发展中国家有重要影响的理论，即新公共管理理论和新公共服务理论。这两种理论传入我国时，正是我国改革开放全面深入、经济和社会快速发展的关键时期。经济快速发展，综合国力获得极大提升，人们生活水平不断提高，与此同时，各种危机也相继出现，老龄化社会的到来，环境破坏，城乡、区域发展不平衡，贫富差距拉大，就业形势严峻。如何应对种种危机，是对我国政府的执政能力和中国人民智慧的严峻考验。自 20 世纪 80 年代以来，我国政府机构分别在 1982 年、1988 年、1993 年和 1998 年进行了 4 次较大规模的改革，从最初的简单机构精简到政府职能的全面转变，虽说步履维艰，但这种改革决心始终没有改变。2002 年党的十六大报告第一次将我国政府职能明确界定为“经济调节、市场监管、社会管理和公共服务”，建立公共服务型政府已经成为一种共识。2003 年，温家宝总理在政府工作报告中提到“弱势群体”概念。2006 年，党的十六届六中全会通过的《中共中央关于构建社会主义和谐社会若干重大问题的决定》提出要“逐步实现基本公共服务均等化”。2007 年年初的“两会”上，人大代表和政协委员们热烈讨论了“民生”问题。2007 年，党的十七大报告提出，要“加快推进以改善民生为重点的社会建设”。这些重大决策和提议，反映了我国政府治理观念的转变，也宣告一次自上而下政治变革的开始。

2008年席卷全球的金融危机把中国推到风口浪尖上，一方面要顶住国内经济衰退的压力，另一方面还要承担世界经济引擎角色的初心，这对中国政府和人民来说既是机遇也是挑战。如何在展现大国风范的同时又不忘建立民生政府的初心，既能树立政府新形象又能提高民众信心，进行职能改革是政府必然的选择。提高服务意识，强化服务职能，为百姓提供更多、更好的包括体育公共服务在内的公共服务，这样才能有利于塑造政府形象，增强民众信心。因此，如何改革政府服务职能，提升公共服务水平，成为构建和谐社会的重要议题。

党的十九大报告明确指出，要进一步深化机构和行政体制改革。统筹考虑各类机构设置，科学配置党政部门及内设机构权力、明确职责。统筹使用各类编制资源，形成科学合理的管理体制，完善国家机构组织法。转变政府职能，深化简政放权，创新监管方式，增强政府公信力和执行力，建设人民满意的服务型政府。赋予省级及以下政府更多自主权。在省、市、县对职能相近的党政机关探索合并设立或合署办公。深化事业单位改革，强化公益属性，推进政事分开、事企分开、管办分离。政府职能转变以后，政府对大众体育的管理将更多地转向服务。政府将调动一切现有资源为人民群众提供更好的体育公共服务。

《中华人民共和国国民经济和社会发展第十三个五年规划纲要》指出，创新公共服务提供方式。推动供给方式多元化，能由政府购买服务提供的，政府不再直接承办；能由政府和社会资本合作提供的，广泛吸引社会资本参与。制定发布购买公共服务目录，推行特许经营、定向委托、战略合作、竞争性评审等方式，引入竞争机制。创新从事公益服务事业单位体制机制，健全法人治理结构，推动从事生产经营活动事业单位转制为企业。体育公共服务是政府为人民群众提供的基本服务，涉及每个公民的生活幸福，转变大众体育公共服务的提供方式是当前刻不容缓的任务。

2016年国务院发布了《“健康中国2030”规划纲要》，共建共享是建设健康中国的基本路径。从供给侧和需求侧两端发力，统筹社会、行业和个人3个层面，形成维护和促进健康的强大合力。纲要明确提出，要推动健康服务供给侧结构性改革，卫生、体育等行业要主动适应人民健康需求，深化体制机制改革，优化要素配置和服务供给，补齐发展短板，推动健康产业转型升级，满足人民群众不断增长的健康需求。体育是实现健康中国战略的重要一环，不断提高大众体育公共服务水平是我们党和政府不断努力的方向。

第二节 选题依据

公共服务作为政府管理的一项职能早在阶级社会产生以后就存在，国家这一公共权力机构的设立，就是“为适应和满足社会的公共需要而服务的”，但是作为一种理论发展并在实践中大力提倡，则是人类社会发展到后工业化时代的产物，是传统的官僚治理向新型的民主治理转变的表现，政府放弃部分权利还给人民，这是历史发展的必然趋势。在这种新型治理模式下，政府官员重新审视自己与老百姓的关系，调整角色，转变心态，真正当好公仆。而对普通百姓来说，能获得更好的福利及工作和生活便利，有更多的机会参与公共事务管理，有助于培养公民的正义感和责任感。

体育事业是一项社会公益事业，它具有多种社会功能，可以改善国民体质、丰富社会文化生活、提高人民生活质量、促进社会和谐稳定、增强民族凝聚力、树立民族自信心。由于历史原因，新中国成立后相当一段时间内维持着体育重竞技而轻群众体育的局面，《全民健身计划纲要》实施后，这种不平衡的发展才有所改变。尽管近几年，国家对体育高度重视，体育事业得到全面发展，但体育公共产品的供给仍然严重不足，特别是地区间、城乡间的巨大差异并没有得到根本性改观。体育公共服务是公共服务的一项重要内容，体育公共服务水平既是综合国力的反映，也是整个国家公共服务水平的缩影，要建立服务型政府，关注民生、关注公民权利，体育公共服务有不可替代的重要作用。

大众体育作为我国体育事业的重要组成部分，它关系到人们体质的增强、健康水平的提高和生活质量的改善，是现代社会文明进步的重要标志。随着现代科学技术的飞速发展、生产力水平的不断提高，我国经济持续、快速、健康地增长，现代生活方式、生产方式的变化，人文环境的变化，广大人民群众生活水平的提高，劳动时间的缩短，以及我国老龄化社会的形成，都将有力地提高社会体育需求，体育消费在人民生活中的比重将逐年提高，对大众体育的性质、内容、范围、结构、对象及时空关系都将产生巨大的影响。特别是我国社会主义市场经济体制的建立，《全民健身计划纲要》的颁布与实施以及国际大众体育的变化，更是为大众体育的内容、形式和组织管理创造了更广阔的发展空间。在广阔的发展空间面前，人们总会自觉地选择、创造自己的未来，自觉地设计发展的道路。为了推动和实现发展，人们总要确立发展的目标，制定发展的战略和规划。人们会根据自己的价值观选择和创设对自己有利的条件和未来。

我国大众体育事业是经历了多个阶段的曲折发展过程才发展到现在的，为了加快发展的进程、实现发展的目标、减少发展的代价，有必要通过科学的研究来推动我国大众体育公共服务全面、健康、协调发展。

《天津市“十三五”规划纲要》明确指出，“十三五”期间天津市要建设共有共享、安全安定的和谐幸福之都。公共服务体系更加完善，均等化水平稳步提高，民主法制更加健全，生产生活安全有序，居民收入增长和经济增长、劳动报酬提高和劳动生产率提高保持同步，居民主要健康指标达到世界先进水平，人民生活更加殷实。同时要提高群众健康水平，广泛开展全民健身运动，提升竞技体育水平，加快发展体育产业，高水平办好第十三届全国运动会、第十届全国残运会。

由此可见，天津市大众体育公共服务的有效实施涉及天津市政治、经济、文化和社会整体的发展，对天津市大众体育公共服务实施策略进行研究将为天津市快速、和谐、稳定发展打下良好的基础。

第二章 研究的理论与实践意义

第一节 理论意义

体育公共服务是我国基本公共服务的主要内容之一。其根本的宗旨是让体育公共服务惠及社会所有公民，通过体育公共服务的均等化，促进社会和谐，符合当前构建和谐社会的理念。

目前，体育公共服务理论研究主要是移植和借鉴国外公共管理、公共产品和公共服务等理论。但是这些研究对我国体育公共服务的实际情况分析得还不够深入，因此，体育公共服务理论研究有待加强本土化研究。本研究旨在系统地梳理现有体育公共服务理论，使国外先进的公共服务理论与我国的具体国情相适应，为后续研究提供理论基础。

第二节 实践意义

《天津市“十三五”规划纲要》指出，“十三五”期间要大力发展群众体育，加强体育公共设施建设和管理，基本建立覆盖城乡的全民健身服务体系。大众体育公共服务是社会公共服务的重要组成部分，研究大众体育公共服务在实践中是如何运行的，体育职能部门与其他政府部门的协调方式，企业和非营利组织如何参与，大众的体育需求如何，对现有体育公共服务满意度如何等，有利于解决天津市大众体育公共服务工作中的实践问题。本研究可以为主导体育公共服务的政府部门规划、协调和实施体育公共服务提供参考。

《天津市“十三五”规划纲要》还明确提出，促进基本公共服务均等化。增强体育发展能力，广泛开展全民健身运动。全面实施“全运惠民工程”，新建和提升一批现代化全民健身中心、体育公园，积极推动体育公共场馆向公众开放，让广大市民充分享受举办全运会带来的实惠。加强社区体育设施和体育组织建设，提高全民健身活动的质量和群众参与度。认真落实青少年体质健康工程，增强广大青少年身体素质。到2020年，经常参加体育锻炼的市民占总人口数达到45%以上。加快发展体育产业，提升体育消费水平，发展体育健身市场、竞赛市场和表演市场。培育健身休闲、体育旅游、体育传媒、竞赛表演等服务业。提升发展体育用品产业，优化资源配置。扩大服务范围，实行基本公共服务项目和标准动态调整机制，促进城乡区域间服务项目和标准有机衔接。加强资源整合，均衡设施布局，健全基层网络，提高服务效率，推动服务项目、服务流程、审核监管公开透明。提升保障能力，完善财政转移支付体系，增加基本公共服务支出，健全财力保障和支出责任分担机制。完善市、区县、街乡镇三级服务网络阶梯配置的服务体系，提升基本公共服务能力，实现常住人口全覆盖。创新供给方式，积极推行政府购买公共服务，鼓励和引导社会力量以特许经营、合同委托、服务外包等多种形式参与提供基本公共服务，形成服务主体多元参与、公平竞争的格局。

天津市滨海新区的开发开放作为现阶段我国经济改革的前沿，天津的政治、经济和社会等各项工作都取得了举世瞩目的成就。研究天津市体育公共服务的现状，总结天津市大众体育公共服务发展的经验与教训对全国其他地区大众体育公共服务的开展具有指导和借鉴意义。

第三章 研究设计

第一节 研究对象与方法

一、研究与调查对象

本研究选择天津市城区和农村地区作为调查区域。天津市城区重点选取和平区、河西区和天津开发区等作为调查区域。农村地区重点选取西青区、宁河区和蓟州区等作为调查区域。选择的调查区域尽量涵盖天津市城市和乡村的典型特征。和平区和河西区经济发展比较好，社区体育场地设施健全，是天津市群众体育开展比较好的区。天津开发区是滨海新区的核心区，经济基础雄厚，是典型的新兴经济区的代表区域。西青区紧邻天津市区，既有农业区又有新兴工业区，具有天津市近郊区的典型特征。宁河区和蓟州区是天津市比较偏远的区，以农业经济为基础，属于典型的农村地区（表3－1）。调查内容包括政府法规、政府财政投入、场地设施、活动开展、社会体育指导员配备及培训、信息咨询网络、体质监测以及群众满意度等。通过调查获取第一手资料，了解天津市体育公共服务实施现状，从中发现天津市体育公共服务现状与理想之间的差距，为对策分析提供有力的支撑。调查对象包括社区居民、企事业单位工作人员、体育系统的相关工作人员以及在校学生。

表3－1 调查区域分布情况

典型区域划分	区域代表	
城市社区	和平区	河西区
近城郊区	西青区	
沿海新区	滨海新区（天津开发区）	
农村社区	宁河区	蓟州区

二、研究方法

（一）文献资料法

通过检索 CNKI 数据库、万方数据系统、EBSCO 电子期刊等网络数据库资源，搜索相关期刊及硕博学位论文，并查阅天津体育学院图书馆馆藏书目及与本研究有关的中文资料，通过对其中重要文献进行细致分类整理、分析，为本研究奠定理论基础。

（二）问卷调查法

在阅读有关研究论著的基础上，向专家咨询与本课题有关的问题之后，根据本课题研究的目的和内容要求，参考同类问卷设计，并遵循问卷设计的基本原则，最终设计出与研究相关的问卷。该问卷内容包括人口统计信息和公众评价信息两个部分。

问卷的效度检验。运用专家调查（德尔菲）法，邀请了天津体育学院王慧琳教授、金宗强教授、王健教授，天津农学院周则同教授，天津科技大学齐玉刚教授、孙玉金副教授，天津大学许建生教授，天津商业大学李卫东教授 8 名专家，对调查问卷的内容、效度做了有效性判定。其中，7 名专家判定为有效，1 名专家判定为基本有效，保证了问卷内容涵盖研究主题的有效性。

问卷的信度检验。在保证问卷有效性的基础上，运用重测法，分别先后两次向天津农学院农学学院、水产学院的 30 名天津户籍的学生发放了调查问卷。统计结果表明，两次问卷测量所得的重测信度为 $R=0.78$，$P<0.01$，说明问卷具有较高的稳定性和可靠性。

问卷的发放与回收。共发放问卷 810 份，回收 796 份，回收率为 98.3%。其中，有效问卷 762 份，有效率为 95.7%。

（三）专家访谈法

采用电话访谈和实地访谈相结合的方法，就大众体育公共服务的问题咨询市体育局、区体育局领导及相关负责人，高校体育专家、学者，业余体育团体负责人，从而使研究具有权威性的理论保障。

（四）实地考察法

选取天津市和平区、河西区、西青区、滨海新区、宁河区、蓟州区等地进行实地考察、访谈，真正了解其供给现状，获得真实可靠的第一手资料。

（五）数理统计法

利用 SPSS 17.0 及 Excel，对调查的数据进行均值、百分数等常规分类统计。

第二节 研究内容与思路

一、研究主要内容

（一）天津市大众体育公共服务的背景分析

（1）理论背景。介绍国外新公共管理理论和新公共服务理论的兴起与应用；介绍这两个理论在国内研究与实践应用方面的现状；介绍这两个理论的主要内容，二者的优点和缺陷，二者的关系。

（2）时代背景。全面分析现阶段国家体育公共服务的时事政策、天津市体育公共服务实践的社会背景，整体分析天津市政治、经济、文化和体育发展的特点和趋势，理解大众体育公共服务是创建服务型政府和构建和谐社会不可或缺的重要内容。

（3）实践背景。了解我国各地大众体育公共服务特点，分析天津市大众体育公共服务有利条件。

（二）体育公共服务基本理论

（1）核心概念的界定。分析国内外学者对“公共服务”概念的各种理解，选择一种较为理想的解释。对国内学术界关于“体育公共服务”的争论进行分析，规范使用“体育公共服务”概念，并对概念进行科学的界定。对“体育公共服务体系”和“全民健身服务体系”进行比较，分析二者之间的联系和区别。运用管理学理论分析“公共产品”概念的历史演变，在此基础上，借鉴其他学者的研究成果对“体育公共服务产品”概念进行界定。对“体育公共服务供给主体”“绩效”等概念进行界定。借鉴国内公共服务领域的研究成果，结合天津市体育公共服务的实际情况提出体育公共服务原则。

（2）体育公共服务提供主体分析。根据前期研究成果，体育公共服务主体包括政府、企业、非营利体育组织。运用新管理理论，分析天津市体育公共服务提供主体在提供体育公共产品过程中各自扮演的角色和应承担的责任，提供产品的不同内容和方式，政府各职能部门之间的事权划分以及协调合作关系。

（3）体育公共服务产品的界定。根据西方经济理论中对公共产品的阐述，对"体育公共产品"进行界定。根据新管理理论分析，体育公共服务应该包括学校体育、竞技体育和大众体育3个部分。界定大众体育公共服务范围，根据公共产品属性对大众体育公共产品进行分类。分析天津市大众体育公共服务产品的特点。分析政府供给、企业供给、社会组织供给及综合供给大众体育公共服务产品提供方式的特点，以及各个供给主体在提供与生产产品中的相互关系。

（4）大众体育公共服务绩效评价。本研究通过对天津市大众体育公共服务绩效评价的现状调查，提出对大众体育公共服务质量好坏的评价应由政府部门进行评定改为由民众评价，引入公众满意度的评价方法，并且进行调查评价。

（三）实证研究

选择天津市具有典型特征的城市社区、近城郊区、沿海新区和农村社区作为调查区域，包括和平区、河西区、西青区、天津开发区及宁河区、蓟州区。调查对象包括社区居民、企事业单位工作人员、体育系统的相关工作人员及在校学生。调查内容包括政府法规、政府财政投入、场地设施、活动开展、社会体育指导员配备及培训、信息咨询网络、体质监测以及群众满意度等。通过问卷和实地调查获取第一手资料，了解天津市体育公共服务实施现状，从中发现天津市体育公共服务现状与理想之间的差距，为对策研究提供有力的支撑。

二、研究基本思路

首先，通过查阅相关资料和现实考察确定课题的题目，分析课题的理论背景、时代背景和实践背景。其次，构建大众体育公共服务理论框架，主要包括界定系列概念、体育公共服务提供主体分析、界定体育公共服务产品、大众体育公共服务绩效评价。再次，进行实证研究，对选区的调查区域进行实地考察。最后，根据实证研究的结果，结合专家访谈和问卷调查提出具有针对性和可操作性的大众体育公共服务的实施策略，并运用帕累托分析法筛选出主要实施策略进行具体分析。（图3－1）

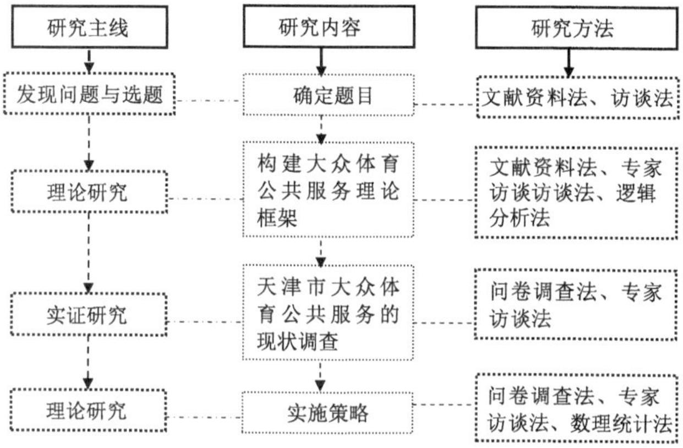

图3－1　研究思路图

第三节　研究重点与难点

一、研究重点

（1）为实证研究构建比较系统的大众体育公共服务的理论框架。

（2）天津市大众体育公共服务现状调查。

（3）针对天津市大众体育公共服务现状，提出有针对性并具有可行性的实施策略。

二、研究难点

目前，国内尚缺少较为系统的体育公共服务的实证研究案例，实证研究的设计和实施有较大难度，尤其是获取政府、企业和非政府体育组织的相关数据可能相当困难。但是课题组成员都是天津市高校体育教师，他们具有广泛的社会关系，可以利用各种渠道获取相关数据。课题组还可以通过签订保密协议，在研究报告中采用不涉及具体的单位名称等措施消除调查对象的顾虑，从而获取相关信息。

第四章 核心概念的界定

第一节 公共服务

西方国家对公共服务的关注与供给起于19世纪末。从行动理论的逻辑出发，美国学者罗纳德·J. 奥克森（Ronald J. Oakerson）认为，公共服务供应是指一系列集体选择行为的总称，它就如下事项做决定：需要提供什么样的产品和服务，产品和服务的数量和质量标准，需要筹措的收入数和如何筹措，如何约束和规范公共产品和服务消费中的个人行为，以及如何安排产品和服务的生产。

我国学者高军波、周春山（2009）将西方国家公共服务研究分为3个阶段，即公共服务提供主体由单一中心供给、双主体联合供给到多元主体供给；研究重点由布局区位与供给效率、空间公平与供给效率逐步转向社会分异与可达性；理论内容体系不断得到丰富与完善。目前国内对公共服务概念的理解主要有过程说、产品说和活动说3种。国家行政学院政治学教研部副教授孙晓莉认为公共服务是指筹集和调动社会资源，通过提供公共产品（包括水、电、气等具有实物形态的产品和教育、医疗、社会保障等非实物形态的产品）这一基本方式来满足社会公共需要的过程。中国社会科学院社会政策研究中心执行主任杨团把公共服务理解为以服务形式存在的公共物品。北京大学政府管理学院博士汤敏轩对公共服务的概念解释是为了满足公共需要，由公共部门或私营组织提供劳动产品的活动。3种定义各有特点。过程说体现了服务在时间上的延续性和空间上的完整性。产品说侧重于公共服务内容，服务产品并不等同于服务，虽然有些服务是以产品形式出现，但服务既包括提供产品也包括提供产品的形式和过程。活动说更接近于人们通常理解的生活中普通服务，但活动是公共服务的主要内容和形式，不能涵盖复杂的公共服务体系。比较起来，过程说更为合理和全面。

第二节 体育公共服务

“公共体育服务”与“体育公共服务”是当前体育研究领域两种不同的称谓，不同学者也从不同角度进行了阐述。例如，肖林鹏等在《体育公共服务概念及其理论分析》中明确指出体育公共服务是指公共组织为满足体育公共需要而提供的公共物品或混合物品。

刘玉在《体育权利与体育公共服务供给》中对体育公共服务的概念做了解释，其认为体育公共服务应该是在政府主导下，多元主体共同提供的，以满足公民各种体育需求为目的的体育产品和行为的总称。其体育公共服务的主要内容应该包括物质层面的体育场地设施，非物质层面的体育技能培训、体育比赛的组织开展、公民健康咨询、体质测量与评价等。其观点是出于对产品的一种理解。曹可强等在《论体育公共服务供给主体的多元化》中提出，体育公共服务是公共服务的重要组成部分，是以提高市民的身体素质和生活质量为根本目的，以满足市民的体育需求为核心，为公共部门提供各种产品和服务的总称。

张晓红等在《我国体育公共服务中相关概念文献综述》中认为，体育公共服务就是政府提供各种体育服务和活动，以满足市民的各种体育需求为根本目的，提出一切体育公共服务都要以市民体育需求为根本点，要以人为本，整合社会各种资源，为市民提供公共产品，以此提高市民的整体素质。

各位学者对体育公共服务概念的定义各不同，但总结起来可以将体育公共服务定义为：政府和相关部门为满足社会成员体育公共活动的需要而提供的体育公共产品及其相关服务。因此，我国体育公共服务具有公益性和经营性双重功能，兼有生产性和消费性双重属性，同时具有多样性、层次性、区域性等特性。

第三节 体育公共服务产品

刘勇在《体育市场营销》中认为，体育服务产品是为了满足人们健身、娱乐和精神需要以非实物形态向社会提供的各类体育服务。曹可强在《体育产业概论》中阐述了体育服务是指体育劳动者（这里包括教练员、运动员、健身指导员、管理人员等）创造的，向社会或个人所提供的非实物形态的劳动成果，内容主要包括体育竞赛表演、健身指导与咨询、康复与保健及体育场地服务等。张保华在《现代体育经济学》中认为，体育服务产品就是体育产品，是指体育需求者向体育生产者购买的、体育活动中所消费的体育服务的总和。李海燕认为，体育服务被定义为无形的、非物质实体的产品。罗攀认为，体育公共服务，是以政府供给为主，以满足居民的需求为目的，提供的体育产品和行为总和。杨铁黎等认为，体育公共服务产品是指体育服务组织向消费者所提供的无形产品及这种交易过程。

综上对我国体育公共服务产品概念进行整理，发现我国对其尚未形成统一定义。体育服务、体育服务产品、体育公共服务在相关体育公共服务产品概念的研究中，一部分人认为体育服务只包括非物质形态的无形产品，而另一部分人认为体育服务产品包含物质形态和非物质形态两种形态。因本研究的内容是区域（农村与城市社区）体育公共服务产品的供给，旨在研究供给的基础性、公益性和福利性问题，因此，本研究趋向上述两种形态的体育公共服务产品。

第四节　体育公共服务体系

全民健身事业的发展离不开完善的体育公共服务体系支撑，体育公共服务体系是实现政府体育公共服务职能的有效载体。2002 年中共中央国务院颁布的《关于进一步加强和改进新时期体育工作的意见》提出："努力构建群众性的多元化体育服务体系。"在中央提出指导意见后，我国体育学术界对体育公共服务体系概念进行了阐释，但界定上缺乏统一性，对其概念论述比较有代表性的学者如下：肖林鹏等认为体育公共服务体系是指由满足体育公共需求的要素构成的有机整体；王才兴认为体育公共服务体系是指以政府部门为主的公共部门提供的、以满足市民的基本体育生活需求为目的的、向市民提供体育公共产品和服务的制度和系统的总称；郇昌店等认为体育公共服务体系主要是由服务主体、客体及环境共同构成的体育公共服务系统。因此，综合以上论述和政府文件，本研究认为体育公共服务体系是以政府为主导、公共财政投入和政策为保障、提高全民族健康素质为目的、建设体育强国为重要任务，社会多方参与形成的满足群众体育需求、保障群众体育权益、面向群众提供的体育公共产品和服务的总和。

第五章 文献综述

第一节 国外体育公共服务研究

一、有关体育公共服务供给机制的研究

国外对体育公共服务供给机制的研究主要讨论的是谁来供给、怎样供给两个主要问题。

首先，关于体育公共服务供给主体方面，国外学者主要把精力放在了大众体育社会组织或者非营利体育组织的研究之上。其中，Butler 和 Wilson 从服务组织的投入和产出的角度出发，利用成本收益原理，分析了社会体育组织的服务策略，认为非营利组织和社会体育组织相较于政府能够充分发挥相互合作和竞争的战略作用，在服务供给中表现得更加高效。Jacopin 和 Urrutia 通过调查研究发现，非营利组织在提供体育公共服务的过程中，不仅是美国体育公共事业的主要参与者，而且更为关键的是，它们的服务供给似乎更加高效，质量更优，更能适应社区居民的需求。Gome 等也提出竞争可以激励社会体育组织改变其行为，组织内部的目标设定以及管理者的素质、组织规划等内容与体育公共服务供给的业绩高度相关。

其次，体育公共服务应该如何提供呢？国外体育公共服务供给的具体操作实践中体现了“效率优先”的原则。很多社会经济学家主张合同外包、凭单制、合作供给、特许经营权等服务方式，从而提出了体育公共服务供给“民营化”的创新性观点，以及主张市民主动参与体育公共服务的供给过程，最终实现“服务社会化”的目标。最早提倡体育公共设施供给民营化的研究，应该是 StefanKesenne 和 Paul Butzen 对欧洲 1960—1970 年期间政府津贴对设施价格弹性的影响研究。研究发现，政府通过财政补贴的手段来扶持体育公共设施修建和后期维护管理，这样能降低大众参与体育运动的价格门槛，但是在这个过程中财政并不是万能的，除非使用灵活的租金制度才能发挥作用。

二、有关体育公共服务供给评价的研究

体育公共服务供给评价的研究主要表现在两大方面：①居民对于体育公共服务的主观评价；②体育公共服务的客观质量评价。服务的主观评价主要通过对居民满意度调查来得以实现。King 认为，居民希望能够得到更加舒适和便利的体育设施，所以政府应该不断地更新体育设施和体育场馆以满足民众持续的健身需求。Christopher 也在服务体验（Service Experience）的理论框架下，对美国公民对于体育公共服务设施的满意度进行了评估。研究发现，居民除了对体育硬件设施很在意以外，对社区体育俱乐部所提供的体育公共信息、体育健身指导、体育活动组织等软件服务也很关注，似乎后者比前者更加重要。此外，体育公共服务的客观质量评价研究主要体现在体育基础设施在城市中的配置评价研究方面。Tseng M L 专门设计了一套公共服务设施的绩效评估系统，并使用该系统评估了 2005—2007 年间英国 3 个公共休闲健身中心的绩效。研究发现，公共休闲健身设施的绩效评估系统最重要的评价标准是其休闲性程度、包容性程度和简单程度。此外，日本学者 KoWan Tsou 也对体育设施的城市空间布局评价提供了衡量标准，探讨了体育设施对于民众可达性的问题，进而为优化城市体育设施布局、促进居民公平享用体育设施提出了建议。

三、有关体育公共服务政策的研究

在体育公共服务开展方面，西方发达国家根据不同阶段制订体育服务计划。各国的公共服务模式均有所不同，英国的公共服务模式代表了典型的福利国家公共服务的模式；美国的公共服务是以多元文化为基础的产物；新加坡的公共服务模式则以亚洲文化为基础，体现了另一种以政府为主导的模式。国外的体育公共服务政策大多是通过文件的形式，为满足居民大众的体育需求而制定的。这些公共政策对大众体育活动起引导、调控和分配作用。20 世纪 90 年代，部分国家颁布一些体育公共服务政策，诸如美国的《健康公民 2010》，加拿大的《积极生活》《体育推进计划》，英国的《国家体育振兴计划》，德国的《前东德地区黄金计划》，意大利的《面向 2000 年的体育蓝图》，澳大利亚的《有活力的澳大利亚》，日本的《体育振兴计划》等。

第二节 国内体育公共服务研究

一、体育公共服务相关概念的研究

当前，在“体育公共服务”的研究中，政府和学术界术语使用不同，在政府的文件和领导人讲话中使用的是“体育公共服务”，如《体育事业发展“十二五”规划》《体育事业发展“十三五”规划》，国家体育总局领导在各种场合的讲话中都使用“体育公共服务”。可见，政府对术语的使用已经达成共识，而从现有的研究文献来看，学术界存在“体育公共服务”和“公共体育服务”术语的混合使用，但是无论是“体育公共服务”还是“公共体育服务”，其所指内涵基本一致。

总结现有有关体育公共服务定义的研究，可以归纳为以下 3 种：①以肖林鹏为代表的观点认为体育公共服务是公共组织为满足体育公共需要而提供的公共物品或混合物品。②以王才兴为代表的观点认为体育公共服务是通过提供各种体育产品满足公民需要的公共服务。③以郇昌店和刘玉为代表的观点认为体育公共服务是指为满足体育公共需求而提供的产品和行为的总称。国内学者对“体育公共服务”或“公共体育服务”进行界定时，都包含了3 个要素，即体育公共服务供给主体（政府、市场和社会组织）、供给客体（全体公民）和供给内容（体育公共产品和服务），也有学者在概念中体现了体育公共服务的特征（刘艳丽，苗大培，2005）。

二、有关体育公共服务均等化的研究

2006 年，国家“十一五”规划首次提出要实现基本公共服务均等化，社会各个领域对公共服务均等化的研究逐步展开。冯国有认为，体育公共服务均等化是政府公共服务均等化政策在体育领域的体现，指在某一行政区域内（区县、省市乃至全国），无论身处何地、无论何种社会阶层的公众，都能享有大体相同的体育公共资源和体育公共服务。郇昌店和肖林鹏认为，体育公共服务均等化一般是指公共组织按照全国一般和一致的标准，提供基本的体育公共产品和服务。张利、田玉普认为，体育公共服务均等化是指政府要为社会公众提供基本的、在不同阶段具有不同标准的、最终大致均等的体育公共产品和体育公共服务。冯国有的观点强调政府的公平正义，从政府、公共组织应当承担的责任方面对体育公共服务均等化进行了阐释。郇昌店和肖林鹏的观点则侧重于公民的需要，强调政府、公共组织要从公民的需要出发提供标准一致的体育公共服务。张利、田玉普的观点则考虑到了体育公共服务均等化的动态性和发展性。虽然这 3 种观点存在一定差异，但可以看出他们都把政府、公共组织作为体育公共服务均等化的主要责任者，为研究体育公共服务均等化提供了相对稳定的研究框架。

关于体育公共服务非均等化现状和实现体育公共服务均等化的途径的研究，贾文彤等认为，造成我国体育公共服务非均等化的首要原因是地区之间的经济发展不协调，导致对体育公共服务投入存在差异。郇昌店和肖林鹏的研究认为，造成我国体育公共服务非均等化的主要原因有：长期以来我国实行的城乡二元结构造成的各级政府体育公共服务事权、财权不对称；体育行政部门侧重竞技体育而忽视大众体育的发展策略；体育公共服务忽视基层群众的体育需求；体育公共组织发展不健全；等等。秦勇和张秋的研究表明，影响我国城乡体育公共服务均等化发展的主要因素为经济和政治，其中经济层面的差异影响最大，政治方面的影响次之，文化层面的影响最小。

三、有关体育公共服务体系的研究

公共服务体系主要是指以政府为主导、以提供基本而有保障的公共产品为主要任务、以全体社会成员分享改革发展成果为基本目标的一系列制度安排。这些制度安排主要表现为政府主导、社会参与和体制创新。其内容包括提供公共基础设施，创造就业岗位，完善社会保障体系和社会福利体系，促进教育、科技、文化、卫生、体育等公共事业发展。

对体育公共服务体系的界定，学者李静认为："体育公共服务体系是政府主导、社会参与形成的以满足人民群众体育需求、保障人民群众体育权益的各种公益性体育机构和服务的总和。"体育公共服务体系建设包括两个方面：一是由谁来提供，也就是提供主体的问题；二是怎么提供，也就是体育公共服务提供主体如何相互协作、补充的问题。孔祥的研究认为，城市体育公共服务的主体包括政府组织、市场组织和社会组织。陈静霜的研究认为，体育公共服务供给主体包括政府、企业和非政府组织；并且认为，只有形成政府、市场和社会纵横一体的多主体供给模式，实现政府、企业和非政府组织的多元合作、良性互动，才能有效促进体育公共服务的公平、均衡发展，才能最大限度地满足人民群众日益增长的多元化体育需要。

体育活动自身的特征和社会大众参与体育活动的特殊要求，决定了体育公共服务体系的特征。体育公共服务体系应具备如下特征。

（1）公平性。公平性是体育公共服务体系的核心，是为了保障公民平等享有体育公共服务的权益。体育公共服务均衡发展，体育公共设施和体育公共资源均等分布，使不同地域、不同人群之间能共同平等地使用体育公共设施和体育公共资源，保证体育公共服务的健康发展，保证人人公平享受体育公共服务。

（2）普适性。普适性是指体育活动体验过程中人们的普遍可接受性和广泛认同性，是人们对体育健康观念的认同并集合在一起形成的共同价值观。体育活动的普适价值是尊重生命、自由民主、积极向上。如果体育公共服务体系所提供的体育产品和服务不具备大众普适价值的品质，那么其产品和服务就会远离社会和大众的需求。

（3）公益性。政府供给的服务与市场供给的服务的主要区别在于政府供给的体育公共服务的公益性属性。政府供给的体育公共产品和服务不是为营利，而是具有公益性质，追求的是全体公民共同享用体育成果的社会效益，体现出政府公共服务的职能。体育公共服务的公益性一般分为两大类：一类是纯公共服务，政府完全承担费用，人们免费享用的服务项目；一类是准公共服务，政府承担了部分费用，需要个人付出一定费用才能享受的服务项目。

（4）多样性。多样性是服务区域和服务对象的背景差异导致的体育公共服务的多样化。区域经济、社会民俗、性别与年龄、教育程度、个人喜好等不同因素，产生体育公共服务的差异性需求，从而使体育公共服务的内容要丰富、形式要多样。

（5）便利性。便利性是所供给的体育公共服务能让大众易于享用。体育公共服务对象是全体社会公民，这种服务应是近距离面向大众的经常性服务，基础设施的兴建、活动场所的使用、体育项目的设定、消费价格的高低都要以普通市民的实际情况来制定，使全体公民能够方便获得和普遍享用。

四、有关体育公共服务绩效评价的研究

体育公共服务绩效评价，是对政府以及公共服务机构在体育公共服务过程中的工作效率、产品质量、服务能力、公众满意程度等方面的分析和评议，是对体育公共服务工作开展效果、效率、效益、公平和回应性程度的反映。在服务型政府转型中，政府的中心职能是为社会提供优质的公共服务以满足公民的需求，公共服务绩效评价成为政府绩效评价的一个内容。

体育公共服务水平的提高离不开对体育公共服务实施效果进行科学有效的评价。不同学者采用不同的评价体系和评价方法，概括起来可分为 3 类：一是效果评价，主要是基于公民满意度的主观评价，即体育公共服务客体对服务主体提供体育公共服务的满意度评价，体育公共服务满意度是借鉴顾客服务满意度研究思路，并在体育公共服务领域的具体运用。二是效率评价，主要是基于投入、产出的客观评价。例如，赵聂运用因子分析与 DEA 模型的组合方法确立了体育公共服务指标体系，构建了体育公共服务绩效评价模型，并对西南地区十个城市体育公共服务绩效进行了实证分析。三是综合评价。例如，王景波对地方政府体育公共服务绩效评价指标体系进行了研究。结果表明，评价指标体系包括社会体育、学校体育、竞技体育和体育科技 4 个子系统，具体包括 37 个具体指标。王凯等对政府体育工作绩效进行了研究，提出了“异体评估”的概念，确立了“八大核心评估主体”的思路，提出建立体育绩效评估委员会，建立科学、合理、全面、客观的政府体育工作绩效评估指标体系，实施评估并使用评估结果督促相关体育部门（组织）改善工作，提升体育公共服务水平。

第三节　述　评

一、取得成绩

（1）成功将公共服务理论导向各个领域并得到应用与实践。从 1985 年对国外公共服务市场化经验介绍开始，国内从政府到学术界对公共服务从理论到实践表示了高度重视，也产生了一大批有影响的成果。各领域的学者对公共服务的研究成为

政府相关职能部门决策的重要依据。作为回应，政府已经意识到服务职能在政府治理中的重要性，因此也开始了全方位的自上而下的变革，如公共卫生、公共文化、公共体育、科技信息等领域都不断有新举措出现。对公共服务主体的研究解放了思想，让我们从过去一直认为应该由政府提供的传统思维定式中跳出来，开始认识企业和第三部门在提供公共服务方面所蕴含的巨大潜能。对公共产品理论的思考，为政府部门提供合理有效的供给途径提供了新的思路，市场化是政府供给产品之外的一种比较有效的补充形式。

（2）积极推动了公共服务理论在中国的发展。学者们利用新公共管理理论和新公共服务理论框架，研究中国各领域的实际问题，指导我国公共服务改革，取得了较好的效果。对公共服务理论的解读和运用是新公共服务理论在中国的新发展。体育公共服务研究虽然比其他领域要晚，但在学者们的努力下，近年来，特别是 2007 年以后，研究成果日见丰富，从概念的界定到体系的构建，内容逐渐丰富，覆盖范围越来越广，研究逐渐深入，体育公共服务理论体系初现雏形。

二、不足之处

（1）国内相关研究成果尚缺乏系统性。大多数学者均从单一视角审视体育公共服务建设问题，体育公共服务体系理论建构较为成熟，但区域实证研究匮乏，特别是将体育公共服务体系研究视角落到区域进行系统、整体的实证研究较少，体育公共服务体系建设经验研究缺失与区域社会体育发展现实需求严重脱节，影响体育公共服务体系建设的质量和效率。

（2）理论研究缺乏广度和深度。研究者缺少管理学科和经济学知识，研究流于表象，对一些重要的基本理论研究不够深入，更多的是以新公共管理理论和新公共服务理论来解释和图解我国的公共服务。体育公共服务研究同样也存在这一问题。研究内容多集中在政府职能改革、产品供给种类和途径以及市场化等方面，而对服务主体、服务客体即顾客需求研究较少。局限于对体育公共服务概念、结构和体系的静态描述方面，未能对不同约束条件下动态的可抉择机制（公平机制与效率机制等）与多部门（政府、社会和市场）合作模式进行深入分析。

（3）缺少背景分析。背景包括理论背景、时代背景和实践背景 3 个部分。国内在研究公共服务背景方面，徐增辉博士在学位论文《新公共管理理论研究》中对新公共管理理论产生的背景有详细的解释。学者们对公共服务理论的介绍和阐释构成我国公共服务研究的理论背景，但是缺少对我国公共服务研究的时代背景分析，同样也缺少对我国的时代背景与西方国家新公共管理理论与新公共服务理论产生的时代背景的比较分析，但这种背景比较是决定我国公共服务路径选择的前提和基础。

第二篇　实践研究

第六章　天津市大众体育公共服务实践背景分析

第一节　天津市大众体育公共服务面临的挑战

一、天津市快速城镇化进程加大了大众体育公共服务的需求

新型城镇化是扩大内需、促进产业升级和城乡协调发展的强大引擎，但同时也给天津市公共服务体系带来了前所未有的挑战。依照城镇化三阶段论，即起步阶段（城镇化率低于30%）、加速阶段（城镇化率在30%～70%）和成熟阶段（城镇化率高于70%），天津市城镇化过程处于加速阶段的末端，即将进入城镇化的成熟阶段。从城市建成区面积来看，2012年与1990年相比，天津市新增的城市建设用地规模达到387.24平方千米，增长了15.6%，而1990年天津城市建设用地总量也仅为334.9平方千米。22年间，天津市城市建成区规模扩大了1倍还多。城市建设用地占天津市总面积的比例也由2.81%提升至6.06%，提升了3.25个百分点。从非农人口比例来看，1990—2012年，天津市户籍人口中非农人口比例由56.04%上升至62.06%，上升了6.02个百分点，增长了10.74%。

天津市统计局发布的数据显示，截至天津市“十二五”规划的最后一年，2015年全市常住人口城镇化率为82.64%，增长0.37个百分点。在城镇化快速发展的同时，天津市稳步推进义务教育、就业服务、基本养老、基本医疗卫生、计划生育、

住房保障等城镇基本公共服务覆盖全部常住人口。

2017年天津市副市长李树起在接受人民网记者采访时表示，天津市将进一步加快小城镇建设，到2020年，使50万农民从分散村庄迁入小城镇居住，常住人口城镇化率达到84%。2017年天津市重点推动军粮城、新立、辛口、咸水沽、八里台、青光、潘庄等28个镇村的33个在建小城镇项目加快实施，年底前，争取更多的农民迁入新居。同时，做好西青区辛口二期、王稳庄二期、杨柳青二期等一批试点项目的储备。为提升公共服务配套水平，天津市将在市、镇两级创设公共信息资源共享服务平台，通过移动互联网等渠道，建立"人人为我，我为人人"的社区管理新模式，使城镇公共服务管理更加智能化、精细化、便利化，居民生活舒适度进一步提升；使城镇更加和谐宜居，教育、就业、医疗卫生、住房保障、社会保障等公共服务水平不断提高。

新型城镇化综合试点是国家一系列重大战略改革任务之一，目前天津市已有3批6个国家级新型城镇化综合试点；并于2019年加大城镇化投融资机制创新力度，推进农业转移人口市民化，努力实现农业转移人口在义务教育、劳动就业、基本养老、基本医疗卫生等方面的基本公共服务全覆盖。

城镇化带来了生活环境和生活方式的改变，人民生活水平普遍提高，同时也产生了很大的副作用。《天津市居民健康状况报告（2016年度）》显示，每10个成年人中就有3个高血压患者和1.5个糖尿病患者，天津市居民慢性病患病形势严峻。根据该报告，天津市18岁及以上居民高血压患病率为37.96%，相当于18岁及以上居民，每10个人中就有3个高血压患者。仅有50.45%的高血压患者知晓其患有高血压，知晓自身患有高血压的患者中按医嘱服药治疗的比例为79.95%，服药患者中血压控制在正常范围以内的比例为27.58%。18岁及以上居民2型糖尿病患病率为15.05%，相当于18岁及以上居民，每20个人中就有3个2型糖尿病患者，仅有50.17%的2型糖尿病患者知晓其患有2型糖尿病。

研究表明，慢性病发病主要原因是不合理膳食、缺乏运动、超重与肥胖、吸烟及被动吸烟、过量饮酒等。随着城镇化进程的加速，大量的农村人口住进了现代化的小区，人们的生产方式也从传统的农业劳动转变成现代化的工业劳动，人们的身体活动大量减少，这是城镇化给居民带来的不可忽视的负面影响。但是追求身体健康和生活质量是现代人的基本诉求，城乡居民对体育健身需求越来越强烈，就要求政府和社会提供更多、更好的体育公共服务，而相对于其他领域公共服务体系，天津市体育公共服务体系建设相对滞后，供给体育资源不足。天津市城镇化的快速发展，要求完善体育公共服务体系，逐渐缩小体育公共服务与其他公共服务的差距。与此同时，新型城镇化的不断发展，要求体育公共服务城乡一体化、区域一体化，消除体制和制度的壁垒，加强体育公共服务体系的功能。可以说，城镇化带来的人们对体育公共服务的需求超过了政府供给能力，这就给天津市体育公共服务体系承载能力带来了前所未有的挑战。

二、外来人口的涌入给天津市大众体育公共服务带来的挑战

近年来，天津市的流动人口规模不断增加，占全国的比重逐渐提高，外来人口在天津停留时间较长，家庭化趋势明显。天津市的流动人口规模在改革开放后的30多年中持续增长，尤其近10年来，增幅和增速在4个直辖市中居于首位。天津市卫计委流动人口处处长皇甫屹在接受记者采访时说："1990年的时候是17.78万人，1999年的时候才49万人，这9年才增加了31万人，年均增长3.5万人；2005年咱们天津市的流动人口才刚刚突破100万人，滨海新区列入全国发展战略之后，迎来了天津市流动人口的井喷，到2015年就已经达到500万人了，10年间几乎每年增加40多万人，现在最新统计520多万人。"

天津市连续9年将住房保障工作列入年度20项民心工程，不断加大政府投入力度、扩大保障性住房建设规模。全年开工建设保障房3万套，基本建成保障房7.5万套，新增发放"三种补贴"1万户。在外来务工人员集中的滨海新区建设蓝白领公寓，供外来务工人员租赁，目前已建设并配租此类住房3万余套。并且，将不断完善医疗、教育、交通、文化、体育等各种公共服务体系，保障外来务工人员的合法权益。2014年起试行居住证管理制度，居住证持有人可享有11个方面的基本公共服务，按照"居住证+积分入户+员额总量"的原则，对居住证持有人实行积分入户，已有55.9万人领取居住证，1.8万人获得积分入户资格。

天津市统计局公布的数据显示，截至2017年末，全市常住人口1556.87万，比上年末减少5.25万。其中，外来人口498.23万，占全市常住人口的32%。2018年天津市为了加快经济发展速度，吸引全国各地的人才，出台了"海河英才行动计划"。随着新一轮人才吸引政策的实施，天津市外来人口将激增。

天津市外来人口尤其是引进的高层次人才，为天津市经济发展起到了重要的作用。但是不可否认，大量外来人口的涌入也给天津市公共服务体系带来了一定的压力。党的十八大报告提出了“以人为本，服务民生”的发展理念。按照《中华人民共和国宪法》规定，外来人口应该是政府公共服务的对象。因此，逐步推动外来人口公共服务均等化，让外来人口享受平等的体育公共服务是天津市体育公共服务体系建设上面临的难点和重点问题。

第二节　天津市大众体育公共服务的机遇

一、政策法规为体育公共服务提供了制度保障

政策是指国家或政党为实现一定历史时期的路线和任务而制定的行动根据和准则。法规包括行政法规和地方法规两类。法规是实现政策的重要手段，这里的政策法规是指有关体育公共服务的政策法规。政策法规对体育公共服务的作用主要体现在：一是可以促进体育公共服务多元化主体的协调配合；二是可以保证体育公共服务向均等化方向发展；三是可以规范体育公共服务正当程序；四是可以保障市民体育公共服务利益的实现。

从《全民健身计划纲要》《中华人民共和国体育法》《中共中央关于加强青少年体育增强青少年体质的意见》《体育发展“十三五”规划》等政策法规的出台看出，我国体育事业的发展已经受到了社会各界的关注。其中，国家体育总局颁布的《体育发展“十三五”规划》对基本体育公共服务做了明确的规定和要求。“十三五”期间要落实全民健身国家战略，加快推动群众体育发展。要不断完善基本体育公共服务，加快建设水平较高、内容完备、惠及全民的基本体育公共服务体系，逐步推动基本体育公共服务在地域、城乡和人群间的均等化。推进基本体育公共服务示范区建设，制定结构合理、内容明确、符合实际的基本体育公共服务标准体系。加强基本体育公共服务信息化建设，建立数据采集和监测体系。以实施《全民健身计划（2016—2020 年）》为主要抓手，落实目标任务和重大政策措施，创新全民健身组织方式、活动开展方式、服务模式，开展实施效果评估和满意度调查。加强健身场地设施建设与管理，统筹规划，合理布局，规范标准，节约集约，重点建设一批便民

利民的健身场地设施，逐步建成县（市、区）、街道（乡镇）、社区（行政村）三级群众健身场地设施网络，推进建设城市社区“15 分钟健身圈”。推动休闲健身场地设施建设，构建休闲健身运动场地设施网络。结合基层综合性文化服务中心、农村社区综合服务设施建设及区域特点，加强乡镇体育场地设施建设。优化健身场地设施投资结构，鼓励社会资本投入健身设施建设，落实国家财税优惠政策。加强健身场地设施管理与维护，坚持建管并举，提高健身场地设施使用率。

《天津市“十三五”规划纲要》明确指出，“十三五”期间天津市要加强和创新社会治理。完善社会治理体系，健全基层综合服务管理平台，推进社会治理精细化，提升基层公共服务标准化、便利化水平。加强基层社区建设，完善社区服务体系，推进城乡社区综合服务站建设。充分发挥社会组织作用，扩大直接登记范围，支持和规范社会组织承接政府购买服务。天津市将加大力度拓展体育公共服务提供渠道。通过政府购买企业、社会组织的体育公共产品和服务，不断完善天津市体育公共服务体系。

《天津市体育事业发展“十三五”规划》提出，“十三五”期间天津市的群众体育将迈上新的台阶。坚持群众体育与全运同行，抓住筹办全运会的历史机遇，提高群众的体育意识，培养群众的健身习惯，让更多的人享受体育发展的成果。深入贯彻落实“全民健身上升为国家战略”的重大决策，以实施“全运惠民工程”为重要平台，推动群众体育全面上水平，强化体育公共服务职能，建立完善以设施建设、组织建设、活动开展、健身指导、健身服务、科学评估等为主要内容的全民健身公共服务体系。全民健身活动内容更加丰富，群众健身更加方便，市民身体素质和健康水平明显提高。到 2020 年，全市各区基本建成全民健身“五个一工程”（一个体育馆、一个体育场、一个游泳馆、一个全民健身中心、一个体育公园），人均体育场地面积达到 2.4 平方米以上，经常参加体育锻炼的人数比例达到 45% 左右，达到《国民体质测定标准》优秀人数的比例明显增加。

天津市全面落实全民健身国家战略，提升群众体育发展水平。为了达到这一目的，天津市从下面几个方面着手落实。

（一）加快全民健身设施建设

天津市各区基本建成全民健身“五个一工程”，打造“15 分钟健身圈”。街道（乡镇）、社区（行政村）建有便捷、实用的全民健身设施，方便市民就近健身。现有的公园、绿地、广场等全部建有健身设施。利用山、河、湖、海、湿地等自然环境打造市民健身休闲、体育旅游运动基地。在蓟州山区建设登山、攀岩、滑雪和登山步道50处；在郊野休闲公园内建设50处户外营地和健身步道；设立30处适合自行车骑行和适合轮滑运动的场地；建设海河划艇休闲营地；打造东疆港海上运动营地、七里海湿地户外运动营地等。

（二）积极推进体育社会化建设

发挥体育协会和社会体育组织开展全民健身活动的积极性，制定推动、引导、扶持的政策措施。列出政府购买服务清单和目录，为社会力量办群体活动给予资金等方面保障和支持。充分利用和挖掘“互联网＋”行动计划建设方便群众的健身网络。

（三）积极推动体育公共场馆向公众开放

总结经验，拓宽思路，继续推动体育公共场馆和学校体育场馆向公众开放，并向社会公示开放时间和服务内容。完善和落实各级政府及相关部门促进体育场馆开放的政策，逐步建立相应的开放条件和标准，制定财政补助、保险、收费标准，完善安全管理规范、责任追究等制度和机制，定期进行检查评估，努力扩大体育场馆开放范围，盘活体育场馆资源。

（四）健全全民健身组织体系

切实转变政府职能，积极培育多元体育社会组织。积极发展城乡基层体育健身组织，各区普遍建有体育总会、行业体育协会、单项体育协会和人群体育协会等体育社团，社区体育俱乐部有较大发展。地方体育主管部门要对不同类型的基层体育健身组织给予支持和扶持，切实推进城乡基层体育健身组织的规范化建设，建立完善的市、区、街道（乡镇）、社区（行政村）四级体育社会组织。

体育公共服务的发展也随着这些政策的出台而不断进步。天津市为贯彻落实这些政策，特举办“社区体育先进街道”“优秀社区体育指导员”“十佳优秀社区”等一系列活动，促进社区体育公共服务的发展。天津市还率先出台了《天津市社会体育指导员管理办法》，加强社区中体育服务人员的队伍建设，提高体育管理人员政治理论水平和业务技能水平，使社会体育指导员更加专业化和规范化，进而促进我国社区体育事业又好又快地发展。

二、经济发展为体育公共服务提供了物质基础

改革开放40年给中国社会带来翻天覆地的变化，从经济建设领域开始的变革对中国产生的影响无论是深度还是广度都是前所未有的。党的十八大提出“京津冀一体化”发展战略，为天津地区公共服务，包括体育公共服务提供了快速发展和不断完善的机会。

天津市作为中国四大直辖市之一，是中国第三大城市、中国国家中心城市、中国北方经济中心、环渤海地区经济中心、中国北方国际航运中心等。“十二五”（2011—2015年）期间经济社会平稳较快发展。

天津市2015年统计公报的数据显示，全年全市生产总值（GDP）为16 538.19亿元，按可比价格计算，比上年增长9.3%。分产业看，第一产业增加值为210.51亿元，增长2.5%；第二产业增加值为7 723.60亿元，增长9.2%；第三产业增加值为8 604.08亿元，增长9.6%。3种产业结构比为1.3∶46.7∶52.0，服务业增加值比重首次超过50%。（图6－1）

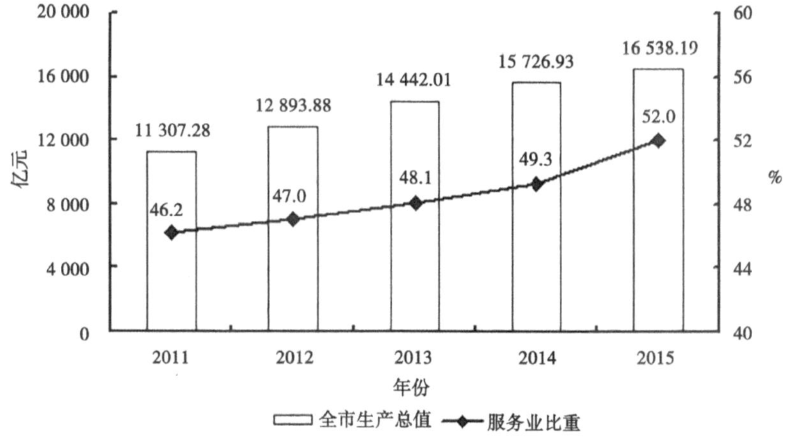

图6－1　2011—2015年全市生产总值和服务业比重

2015年财政收入稳定增长。全年一般公共预算收入为2 666.99亿元，比上年增长11.6%。其中，税收收入为1 577.94亿元，比上年增长6.1%，占一般公共预算收入的59.2%。从税源看，服务业税收为1 039.28亿元，占全市税收的65.9%。从

税种看，增值税为252.02亿元，比上年下降0.3%；营业税为501.41亿元，比上年增长4.8%；企业所得税为259.89亿元，比上年增长10.7%。（图6－2）

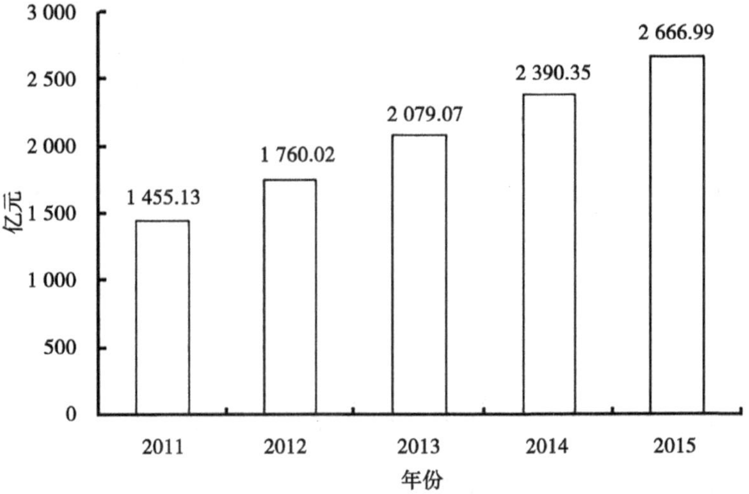

图6－2　2011—2015年一般公共预算收入

2015年民生支出增长较快。全年一般公共预算支出3231.35亿元，比上年增长12.0%。其中，城乡社区支出927.79亿元，增长12.6%；教育支出507.51亿元，增长12.5%；社会保障和就业支出314.79亿元，增长21.3%；医疗卫生支出195.04亿元，增长20.9%；住房保障支出46.82亿元，增长2倍。

2015年民营经济活力增强。全年新登记各类市场主体14.32万户，其中民营市场主体14.02万户，占97.9%；新登记企业7.59万家，其中民营企业7.06万家，占93.1%。较上年，民营经济增加值为7 781.42亿元，增长13.5%，占全市生产总值的47.1%；民营工业增加值增长21.7%，快于规模以上工业12.4个百分点，比重达到45.0%；民营商品销售额增长20.7%，快于限额以上销售额13个百分点，比重达到42.8%；民间投资增长12.5%，快于全社会投资0.4个百分点，比重达到58.1%。

2015年实体投资稳健支撑。全年全社会固定资产投资13 065.86亿元，比上年增长12.1%。其中，城镇投资12 352.23亿元，增长12.4%；农村投资713.64亿元，增长6.9%。在城镇投资中，第一产业投资94.91亿元，增长25.7%；第二产业投资5 093.47亿元，增长5.1%；第三产业投资7 163.85亿元，增长18.1%，比重达到58.0%。实体投资7 846.45亿元，增长10.6%，占城镇投资的63.5%。其中，战略性新兴产业投资365.25亿元，增长15.3%，主要投向新能源、新材料、新一代信息技术、高端装备制造等领域，分别增长25.5%、48.1%、1.1倍和1.6倍。(图6-3)

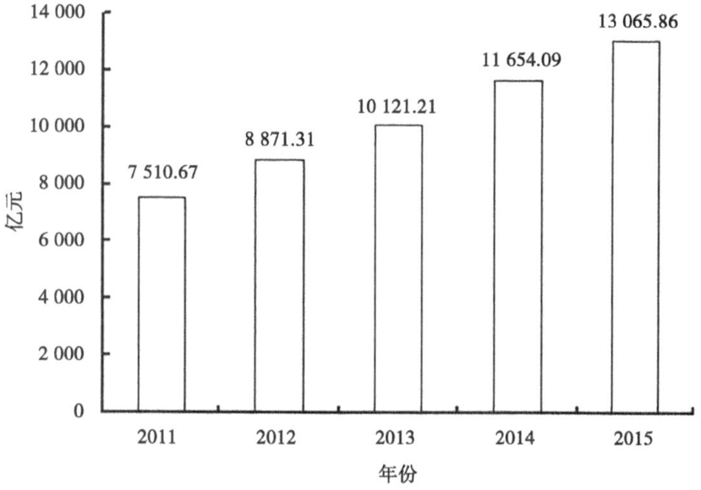

图6-3 2011—2015年全社会固定资产投资

2015年居民消费价格涨幅回落。全年居民消费价格比上年上涨1.7%，涨幅回落0.2个百分点。其中，服务项目价格上涨3.4%，拉动消费价格总水平上涨1.1个百分点，贡献率达到67.3%。八大类商品和服务价格“六升二降”(表6-1)。工业生产者出厂价格下降9.7%，工业生产者购进价格下降7.6%。

表6-1 居民消费价格涨幅

指标	比上年上涨/%
居民消费价格	1.7
食品	1.7
烟酒及用品	1.9
衣着	3.0
家庭设备用品及维修服务	1.0
医疗保健和个人用品	-0.2
交通和通信	-2.6
娱乐教育文化用品及服务	4.2
居住	2.6

天津市统计局提供的数据显示，天津市就业规模继续扩大。天津市采取多措并举稳定就业，持续推进大众创业、万众创新，继续实施百万技能人才培训福利计划，应届大学生就业率达到90%以上。2017年新增就业人口48.95万，比上年增长0.1%，城镇登记失业率为3.5%。截至年末，全社会就业人口为894.83万。其中，第一产业就业人口为62.71万，第二产业就业人口为290.90万，第三产业就业人口为541.22万，第三产业就业人口比重达60.5%，首次超过六成。

天津经济实力的增强也为体育公共服务发展和投入提供了强大的经济后盾。收入增加，生活水平提高也改变了居民的消费观念，体育消费成为消费构成中的重要组成部分，运动健身成为城乡居民生活的重要内容。大众体育的蓬勃开展，健身需求的旺盛，决定了我国体育公共服务必须同步推进。

体育事业的发展为体育公共服务打下发展基础。“十二五”时期天津体育事业成就显著。“十二五”时期，在天津市委、市政府的坚强领导下，在全市人民的大力支持下，全市体育战线以习近平总书记系列重要讲话和科学发展观为统领，团结一心，拼搏进取，以申办和筹备第十三届全运会为重要平台，推动各项体育工作全面开展，体育事业取得了显著成就，达到了新的历史高度。

全民健身活动蓬勃开展。人民群众的体育意识进一步增强，经常参加体育锻炼的人数显著增加，人数比例达到41.6%。体育场地设施不断增加，人均体育场地面积达到2.15平方米。社会体育指导员达到31 000人。群众体育组织化、科学化、品牌化、常态化水平不断提高。全民健身活动形式多样、丰富多彩，形成市、区、街道（乡镇）、社区（村）四级办群体活动格局；社会体育组织和社会力量以及社会热心人群组织全民健身活动方兴未艾，人民群众身体素质和健康水平不断提高。

竞技体育综合实力不断增强。“十二五”时期天津市运动员共夺得世界三大赛冠军35个、全国最高水平比赛冠军104个，为国家和天津市赢得了荣誉，做出了突出贡献。在2012年第三十届伦敦奥运会上，天津市运动员获得3枚金牌、1枚银牌、1枚铜牌，是天津市参加境外奥运会历史最好成绩。在2013年第十二届全国运动会上，天津代表团夺得20枚金牌、14枚银牌、11枚铜牌，位列奖牌榜第九位，荣获精神文明奖，取得运动成绩和精神文明双丰收。体育竞赛活跃，第九届全国大学生运动会、第六届东亚运动会、第十八届亚洲女排锦标赛、国际马拉松赛、环中国国际公路自行车赛等成功举办，展现了天津市举办大型赛事的能力和水平。特别是2017年第十三届全运会的成功举办，积累了举办大型运动会的经验，留下了大批的优质体育场馆和良好的体育文化遗产，为天津市“十三五”时期竞技体育和群众体育的发展提供了强大动力。

天津市还以承办全运会为契机，深入实施“全运惠民工程”，着力打造“15分钟健身圈”，建成社区健身园1万多个、笼式足球场等多功能运动场地100个、健身公园124个、登山步道30条70千米，方便民众就近健身。目前，天津市建有各类体育场地2万个，人均体育场地面积2.15平方米。现有各类体育社会组织5 000余个、社会体育指导员3万余名，经常参加体育锻炼的人数比例达到42%，国民体质合格率达到93%。

体育产业总体规模不断扩大。重视程度和产业意识不断增强，结构和布局更加优化，发展质量和效益稳步提升，居民体育消费快速增长，从业人员不断增加。体育彩票发行数量不断刷新纪录，为体育事业发展筹集了大量资金。体育产业正在成为天津市现代服务业新的增长点和国民经济新亮点。

保障体系进一步完善健全。完成了训练单位机构整合改革，成立了13个运动项目管理中心，为“十三五”时期体育深化改革打下基础。体育发展的战略性、基础性、保障性工作取得重大进展，体育政策法规体系进一步完善。《关于进一步加强运动员文化教育和运动员保障工作的实施意见》《关于深化体教结合促进体育后备人才培养的意见》和5个配套文件，《关于加快发展体育产业促进体育消费的实施意见》和党的建设、党风廉政建设、作风建设等一系列重要体育政策法规、文件意见的颁布实施，为体育改革与发展提供了重要保障。

天津市体育事业的整体发展，为天津市大众体育公共服务的发展提供了良好的保障；全民健身事业的蓬勃发展为增加大众体育需求提供了动力；竞技体育的发展，尤其是第十三届全国运动会的成功举办为提升天津市大众体育公共服务水平提供了精神鼓舞。天津市体育产业的发展，为提升天津市大众体育公共服务水平提供了物质保障，为满足人民群众日益增长的体育需求提供了保障。

三、天津浓厚的体育文化影响

天津市地处华北平原东北部，东临渤海，北接燕山，自元代以来既是京都门户，又是南北漕运枢纽。明朝永乐二年（1404 年）在此筑城设卫，1405 年 1 月由于位居要冲，水陆交通方便，兼有渔盐之利，随着运输业和商业的不断发展，四方商贾及粮船水手云集于此，带来了具有各地民俗特色的健身活动。这些外来活动与本地固有的健身活动相融合，年长日久逐渐形成以武术、摔跤、拔河、爬竿、举砘子（石锁、大刀）、跳绳、踢毽、抖空竹、放风筝、打弹弓等为主要内容的天津市传统体育活动，长期以来流传民间，一直深受人们喜爱，其中许多活动项目在今天的群众中仍然盛行不衰。

近代百年，天津市经历的历史变迁造就了其中西合璧、古今兼容的独特城市风貌和文化思想。天津市传统体育经历了历史文化积淀，蕴藏着天津市特定的文化基因，反映了天津市的社会历史、政治、经济、文化、宗教、风俗及心理等形态。天津市传统的体育文化涉及武术、养生及民族传统等，总结为以下 3 类。

（1）武术文化。武术文化是中国传统文化的组成部分。它以技击为内容，以套路和格斗为形式，注重内外兼修。武术作为一种民族文化，在天津市有着广泛厚重的群众基础。民国时期《天津县志》记载，天津人“无论贫富，见义必为，饶有古遗风”。天津经历 600 余年，几经变迁，依然沉淀下了武术文化的浓厚气息。

（2）养生文化。养生文化包括以静养生、以动养生和动静结合 3 个类型，又经历了修身养性、强身健体和休闲自娱 3 个阶段。天津市的传统养生文化主要包括导引养生功和健身气功两类，其中“津门武林二张”创编的“合气健身操”和“龟鹤拳”最具天津特色，目前已被国家体育总局列入向全国推广的大众养生健身运动项目。

（3）民俗体育文化。天津市的民俗体育文化大致可分为民俗体育花会和体育竞技两类。入选天津市第一批非物质文化遗产的项目有宝坻区的林亭口高腿子高跷、津南区的海下文武高跷、汉沽区的汉沽飞擦、塘沽区的大沽龙灯、南开区的魏风筝、北辰区的虫八腊庙小车会、南开区的天津皇会；入选第二批非物质文化遗产的项目有和平区的竞技麻将、静海区的大六分村登杆圣会、武清区的永良飞叉、蓟州区的独乐寺庙会和塘沽区的潮音寺民间庙会等。

天津市不仅具有丰富的传统体育遗产，还是近代中国体育发展的前沿阵地。1860 年天津市辟为通商口岸后，成为西方近代体育传入我国最早的城市之一。19 世纪 80 年代以后，近代体育项目首先在天津水师学堂、天津电报学堂、天津武备学堂、北洋医学堂和天津西学堂（后更名为天津大学堂、北洋大学堂）等新式学堂中开展，除兵式体操、器械操外，还通过击剑、拳击、跳远、跳高、跨栏、木马、单杠、双杠、游泳、足球等运动以锻炼学生体魄，培养尚武精神。与此同时，西方教会、各国侨民和驻军也把近代体育中的田径、球类、游泳、赛马等竞技项目带到了租界，一些教会学校和外军驻地经常举办运动会，参赛者除外侨和教会学校学生外，还向华人开放，对西方近代体育起到了传播、推广作用。进入20世纪，西方近代体育已逐渐成为天津市体育运动的主流。但历史悠久的传统体育活动仍在职工、农民和老年人中有着重大影响。

多元文化的融合、历史的积淀为天津市体育的蓬勃发展造就了肥沃的土壤，不管是竞技体育还是大众体育，天津市一直以来都有很好的发展，相信这也为天津市今后体育公共服务的发展奠定了坚实基础。

四、京津冀一体化发展契机

最早在2004年2月，京津冀三方在一次研讨会上达成了京津冀一体化发展的共识。2014年2月26日，习近平总书记就推进京津冀协同发展提出了七点要求，表明了中央层面大力推动京津冀一体化的决心。

京津冀一体化是实现京津冀协同发展的一个重大国家战略，要坚持优势互补、互利共赢、扎实推进，加快走出一条科学、持续的协同发展之路。京津冀一体化的发展格局整体定位是以首都为核心的世界级城市群、区域整体协同发展改革引领区、全国创新驱动经济增长新引擎、生态修复环境改善示范区。天津市的定位是“全国先进制造研发基地、北方国际航运核心区、金融创新运营示范区、改革开放先行区”。随着京津冀一体化进程的推进，各地在交通一体化、产业一体化、环保一体化等方面做了很多努力，相继达成了58项合作以及北京与河北签署的包括《交通一体化合作备忘录》《共同加快推进市场一体化进程协议》《共同推进物流业协同发展合作协议》等7项协议。另外，为深入贯彻落实京津冀协同发展重大国家战略，加快推进京津双城联动发展，京津两市于2014年8月6日在京签署《贯彻落实京津冀协同发展重大国家战略推进实施重点工作协议》。根据协议制定的9个方面、30个重点领域内容，京津两市将进一步深化互利合作，实现共赢发展。

《天津市体育事业发展“十三五”规划》提出，在体育领域要推进京津冀协同发展，实现合作共赢。

（一）建立协同发展工作机制

建立联席会议机制。由京津冀三地体育行政部门领导、体育行业协会负责人、体育专家等人员参加，每年举办1~2次联席会议，就有关协同发展的重要问题进行协商、沟通。建立京津冀三地体育社团组织联系机制，尤其是群众体育社团组织，建立起信息发布、群体竞赛、竞赛指导、经验交流等的联系机制。成立京津冀体育产业协会，就体育产业方面的重大政策、落实国务院46号文件的进展情况和重点示范项目、承办高水平体育竞赛、体育用品制造业发展等问题进行协调。

（二）协调推进全民健身活动开展

打造京津冀体育健身休闲圈。充分利用京津冀三地的自然资源，建设一批体育健身休闲基地。共同组织开展大型群众体育活动。确定各自精品活动项目，组织京津冀三地群众共同参与，并形成常态化的品牌活动项目。组织群众喜爱的健身展示活动。搭建科学健身交流平台，推广有效的健身方法。

（三）加大竞技体育交流，实现共同提高

加强京津冀三地各自优势项目的拓展，带动各自落后项目的提高。经常举办教练员训练交流活动，选派各自优势项目教练员到其他地区任教或选派教练员到优势项目“挂职锻炼”。联合举办高水平体育赛事。组织开展体育传统校竞赛交流活动。采取京津冀三地轮流承办方式，举办京津冀三地体育传统项目校际竞赛交流活动。为京冀两省市参加2017年全运会并取得好成绩做好服务。

（四）推进体育产业协同发展

共同打造一批体育服务业重点项目，利用京津冀三地自然资源建设20个品牌活动基地。联合申报国家级区域体育产业重点示范项目，积极向国家发改委和体育总局申报京津冀体育产业一体化发展项目作为重点支持项目，在体育资源交易平台、融资平台的建设和户外运动设施建设、品牌赛事培育、专项体育人才培养等方面给予政策支持。促进体育用品制造业发展，打破地域界限与分割，充分发挥京津冀三地在体育用品制造业方面的优势，推进行业优质资源的优化整合。在产品生产、研发和销售等方面加强合作，完善京津冀三地体育用品市场准入政策，为区域体育用品制造业的发展创造条件。

随着这一进程的推进，天津市公共服务体系建设也迎来了新的机遇和挑战。想要在京津冀一体化进程中找准对接的突破口，天津市必须完善自身包括医疗、教育、体育在内的公共服务体系建设，不断提高体育公共服务水平，这必将成为改善和提高体育公共服务的良好契机。

第七章　天津市大众体育公共服务体系特征分析

第一节　天津市大众体育公共服务供给主体

一、政府组织

现代政府的职能用一句话概括就是服务型政府，其基本职能主要体现在6个方面：确定制度框架、调控宏观经济、提供公共物品和服务、协调群体冲突、治理外部效应、调节和再分配社会收入。其中，提供公共物品和服务是其基本职能之一。既然是公共产品，当然政府在供给主体中起着主导地位。在多元的公共服务主体中，由于公共授权或权力让渡的关系，政府是社会多元主体平辈中的兄长，承担着“元治理”的角色，依据公众意志确定指导社会行为主体的运行方向和行为准则。这是政府不可推卸的责任。所以，新公共管理学认为在公共产品的供给中，政府是产品的安排者，而非具体生产者。具体而言，政府在公共产品（服务）供给中的职责主要是保障层面的，主要包括提供资金、制定政策和宏观管理（制定目标与标准、组织与协调、控制与监督）。

——提供资金：政府是公共产品的购买者和付费者，它通过购买公共产品生产者（企业或非营利组织）的产品提供给消费者（大众），让其免费或低价使用。

——制定政策：政府通过制度（游戏规则），规范公共产品各供给主体的行为，确保公共产品的有效供给和合理使用。

——制定目标与标准：政府通过回应和整合大众的体育需求，从而确定公共产品供给的目标，并转化为生产者的服务规范和产品标准。

——组织与协调：政府建立公共产品供给的竞争机制，用公开招投标的方式选择最佳生产者，采用多种市场化运作方式最有效地生产公共产品。

——控制与监督：政府建立服务投诉和听证制度，监督公共产品生产过程，对供给的公共产品及其生产者进行绩效评估和问责。

在我国的行政管理体系中，从中央到地方一共有5个管理层次，即传统所说的五级政府，再加上一个最基层的居民自治性组织——社区居委会（行政村），它实际上承担了大量的基层管理职能，所以，我国的行政管理体制形成了实际上的“五级政府，六级管理”。围绕体育公共服务这一职能，有义务承担职责的政府部门有天津市、区、镇及行政村等各级政府，市、区体育局和镇文体中心，各级政府中相关职能部门包括财政、国土、城建规划、环保、园林、水电等部门。在这些政府机构和职能部门当中，市、区体育局和镇文体中心是体育公共服务的直接提供单位，接受各级政府的领导并对各级政府负责，其他相关职能部门根据各自分管功能区域为体育公共服务提供资金、土地、规划、绿化及水电等服务支持。(图7－1)

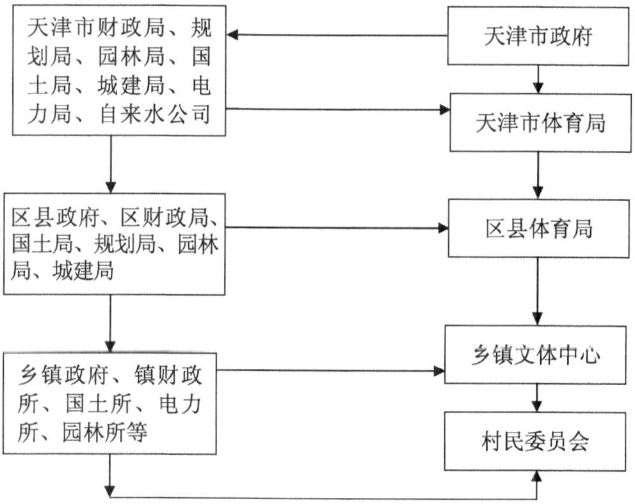

图7－1　政府主体结构图

天津市大众体育工作受天津市委和天津市政府统一领导，天津市体育局负责天津市大众体育的统筹、组织协调和实施等各项工作。

天津市体育局的主要职责：

（1）贯彻执行有关体育工作的法律、法规、规章和方针、政策；起草有关地方性法规、规章草案，拟订体育事业发展规划和政策，并组织实施。

（2）研究体育发展战略，协调区域性体育发展，负责推动多元化体育服务体系建设，推进体育公共服务和体育体制改革。

（3）统筹规划群众体育发展，负责推行全民健身计划；监督实施国家体育锻炼标准，推动国民体质监测和社会体育指导工作队伍制度建设；指导体育公共设施的建设，负责对体育公共设施的监督管理。

（4）统筹规划竞技体育运动项目的设置与重点布局；指导协调体育训练和竞赛工作，指导运动队建设，协调运动员社会保障工作。

（5）统筹规划青少年体育发展，指导和推进青少年体育工作。

（6）拟订体育产业发展规划、政策，规范体育服务管理，推动体育标准化建设，负责体育彩票发行管理。

（7）指导、管理体育外事有关工作，组织开展国际和与我国港澳台地区的体育交流与合作。

（8）组织开展体育领域重大科技研究、技术攻关和成果推广。

（9）负责组织、协调、监督体育运动中的反兴奋剂工作。

（10）承办市委、市政府交办的其他事项。

天津市各区体育局的主要职责，以天津市和平区体育局为例，见表7－1。

表7－1　天津市和平区体育局职责目录

序号	主要职责	职责事项		
		序号	名称	页码
1	贯彻执行体育工作法规政策	1.1	贯彻执行有关体育工作的法律、法规、规章和方针、政策	1
		1.2	拟定本区体育事业发展规划和政策，并组织实施	2
2	贯彻落实体育发展战略	2.1	贯彻落实体育发展战略	3
		2.2	协调区内体育发展	4
		2.3	协助推动多元化体育服务体系建设	5
		2.4	推进体育公共服务和体育体制改革	6
3	推行全民健身计划；指导和协调全区群众体育活动的开展；协助体育公共设施的建设	3.1	推行全民健身计划	7
		3.2	实施国家体育锻炼标准	8
		3.3	推行社会体育指导员	9
		3.4	推行国民体质监测制度	10
		3.5	指导和协调全区群众体育活动的开展	11
		3.6	建立和完善全民健身服务体系	12
		3.7	协助体育公共设施的建设	13
		3.8	负责体育公共设施的监督管理工作	14

续表

序号	主要职责	职责事项		
		序号	名称	页码
4	规划竞技体育运动项目的设置和重点布局。指导协调体育训练和竞赛工作，指导运动队的建设	4.1	规划体育项目的设置和重点布局	15
		4.2	负责优秀运动员的训练管理	16
		4.3	组织参加市级综合性运动会及其他比赛	17
		4.4	制订体育竞赛计划	18
5	规划青少年体育发展，指导和监督青少年体育工作	5.1	规划青少年体育发展	19
		5.2	指导和监督青少年体育锻炼标准的实施	20
6	拟订体育产业发展规划	6.1	拟订体育产业发展规划	21
		6.2	协助推动体育标准化建设	22
7	组织开展体育领域科技研究	7.1	组织开展体育领域科技研究	23
8	其他事项	8.1	承办区委、区政府和市体育局交办的其他事项	24

我国基层政府指县（县级市）、区级以下国家机关，因为基层政府的相对从属地位，成为中央及上级机关制定一切公共政策和决议、决定执行的最终落脚点。

天津市基层政府机构包括农村的镇政府和城镇的街道办事处。这些基层政府有专门负责文化、体育工作的部门，负责承担群众体育的宣传、组织、发动、协调等多方面的职能。乡村的村委会和城镇的居委会也有相应的人员负责群众体育工作的开展。比如，河西区瑞江花园居委会，有专门负责群众体育的工作人员负责联系社区群众跳广场舞和练习大众健身操所需的场地，居委会还会提供音响设施，协助区体育局组织社区居民参与政府组织的群众性体育活动。居委会有乒乓球室，为社区居民提供健身场所。居委会还协助物业公司，对社区健身公园的健身器械定期进行维护，为社区居民提供良好的健身环境，保障群众健身的安全。

二、市场组织

市场组织涉及营利性的商品和服务的交换关系，它是以与相对的供给和需求水平相关的价格机制为基础，以营利为目的，将体育公共服务作为私人物品提供的体育健身经营性服务组织。市场组织是以自愿性方式实现私人利益的一种制度安排，目的是通过有效地配置资源实现私人利益的最大化。政府、市场和社会组织共同构成了体育公共服务体系供给主体的 3 个主要部门。其中，市场组织无论在城市社区体育公共服务体系建设还是在农村社区体育公共服务体系建设中，都日益发挥着不可替代的作用。市场组织作为体育公共管理的一个有机的组成部分，指的是非政府组织动员和利用各种社区体育资源，处理社区体育公共事务，提供社区体育公共服务，协调社区体育公共服务的关系并解决非政府组织所面临的各种问题的过程。其主要内容包括 3 个方面：非政府组织的体育公共事务和公共服务、非营利体育组织的运作管理、非政府体育公共服务体系建设的规制及其政策机制。

体育公共服务市场化改革要求在公共部门中引入市场机制，通过招投标、合同承包、特许经营等市场运作方式向公众提供公共服务，通过市场机制来调节体育公共服务的供给和需求，从而达到降低成本、提高效率的目的。市场组织主要是企业或者经营性的健身中心等，依托包括租赁场地、人员培训、设备器材等社会资源向大众提供运动健身器材、产品或者策划活动提供服务等（表 7 –2）。体育公共服务的市场组织与社区体育公共服务的社会组织是一个问题的两个方面。体育公共服务市场组织的实质就是改革体育公共服务的供给方式，使政府组织从体育公共服务的直接提供者变为促进者，在一定程度上消除了政府组织对体育公共服务的垄断，提高了体育公共服务的供给效率。

表 7 –2　大众体育公共服务市场组织供给基本要素结构

供给主体	负责机构	主要职能	依托资源
市场组织	经营性社区体育健身娱乐中心、体育俱乐部、体育健身休闲活动中心、个体协会；体育健身装备用品销售商；其他有偿服务性组织等	社区体育场地设施有偿服务；社区体育设备、器材、装备、服装、鞋、音像制品等销售与租赁服务；体育健身休闲技能培训；活动策划与组织；政府组织协议委托的特许经营活动；开发体育休闲旅游健身产品等	1. 场地：设有体育健身娱乐与体育休闲服务场地设施；租赁体育场地设施与设备；承包学校、单位及体育公共场地设施；体育健身休闲体育设备、装备、器材、服务商店 2. 人员：职业社会体育指导员；体育健身休闲经营从业人员 3. 经费：公益广告与服务收入；体育公共服务补贴等

企业是我国体育公共服务市场化的主要力量，按照企业生产规律向公众提供服务，同时接受来自政府、第三部门和公众的监督。天津市目前很多企业及营利组织通过组织体育活动以及参与体育公共服务丰富职工文化生活并承担更多的社会责任。它们参与大众体育公共服务主要有以下几种方式。

（1）通过合法经营来提供服务。政府向企业购买体育公共服务，企业利用自身专业优势，以合同形式与政府相关部门合作，通过合法经营向公众提供服务，并从政府财政获得收益。最常见的是为大众体育提供运动产品的企业，如天津南华利生体育用品有限公司、天津来力体育器材有限公司、天津 729 体育器材有限公司、天津春合体育运动器材有限公司等比较大型的十几家公司；还有上百家诸如浩沙、奥森等健身俱乐部。另外，还有一种形式就是体育公共场馆或体育公园向企业外包园林绿化、卫生、保安等工作。例如，天津水滴体育场的保洁承包给鑫康洁家政公司，安保工作则由天津安保公司承担等。

企业通过合法经营提供体育公共服务还有另外一种形式，即特许经营，包括场地租赁及建设—经营—转让（BOT）模式和建设—转让—经营（BTO）模式，如翠屏山公园、天津水滴体育场冬季举办的滑雪户外项目，就是典型的 BTO 模式。

（2）通过赞助来提供相应服务。越来越多的企业通过赞助体育活动或免费捐资赞助地方政府修建场馆，为天津市体育公共服务做出了巨大贡献。近年来企业赞助群众性体育活动的现象已经非常普遍，如天津劝业场（集团）股份有限公司赞助的和平区全民运动会“劝业场杯”羽毛球比赛；2015 年由天津市社会体育管理中心主办，天津众联体育文化传播有限公司、天津龙达广告文化传播有限公司承办的天津市电子竞技锦标赛；2016 年天士力集团赞助举办的“天士力杯”天津市第三十五届“三八”健康杯妇女健身大赛暨“全运惠民”妇女健身嘉年华活动等。“岳龙泉”已经连续两年赞助的天津市业余足球联赛，为天津市足球爱好者提供了很好的交流、比赛平台，为天津市业余足球的发展注入了活力。天津市春和体育用品有限公司已经连续多年携手天津市体育馆为天津市广大市民提供免费的体质监测和数据分析服务。天津海客体育文化有限公司赞助天津市首届业余羽毛球联赛，北京红牛饮料销售有限公司天津分公司为首届业余羽毛球联赛提供了奖品和饮料。天津市首届业余羽毛球联赛共计 128 支队伍，约 1000 人参赛。比赛共设 5 个赛区并分为两个阶段进行：4 个分站赛和 1 个总决赛。每个分站赛区有 32 支队伍，每站前 8 名进入总决赛。总决赛在天津新华路体育馆进行，代表天津市最高水平的32支队伍进行最后角逐。通过业余羽毛球比赛，调动了天津市市民参与羽毛球运动的热情，为天津市大众健身注入了活力。

三、社会组织

社会组织就是要以社会需求为导向，调动社会力量改善体育公共服务，鼓励各种民间组织参与兴办社区体育公益事业和提供社会服务的组织。有的研究称之为第三部门，意思是介于政府（第一部门）与企业和营利组织（第二部门）之间的公共服务部门，它一般由成员利益互助组织和纯粹公益性志愿组织整合而成。从组织目标上看，社会组织是指在政府部门和以营利为目的的企业之外的一切志愿团体或民间协会、基金会和公益性事业单位，主要指教育、文化艺术、环境保护、慈善基金会、志愿者团体等机构，具有以非营利为目的，以自愿性、半自愿或强制性的方式实现体育公共利益的特点（表7－3）。此外，我国社区体育蓬勃发展的居民体育活动组织、民间群体组织和民间体育休闲健身组织、体育休闲健身志愿服务组织等，也是非营利体育组织的重要力量。

表7－3　大众体育公共服务社会组织供给基本要素结构

供给主体	负责机构	主要职能	依托资源
社会组织	体育健身社团、协会；准经营性体育休闲俱乐部；纯公益性体育休闲健身组织；行业与人群体协；社区居民群体组织；民间单项体育休闲健身组织；体育休闲健身志愿服务组织等	体育休闲健身服务指导、技能培训、宣传教育；准经营性体育休闲健身场地设施服务；纯公益性体育休闲健身活动组织、服务与指导；体育休闲健身志愿服务；政府授权委托的社区居民体育公共服务监测与评价组织；政府协议授权委托的其他体育休闲健身公共服务组织等	1. 场地：体育公共场地设施、设备，全民健身广场、路径；学校体育场地设施、设备；单位体育场地设施、设备；社区公园休闲体育场地设施、设备 2. 人员：社区体育休闲健身服务志愿组织；社区公益性社会体育指导员、居民体育骨干；社区学校体育教师、学生体育骨干 3. 经费：上级协会拨款；社会捐赠、赞助、广告与准备经营性收入；公益活动经费等

要建立以政府组织为主导的各种社会组织主体共同参与的体育公共服务体系建设的供给格局，使体育公共服务的效率显著提高，逐步建立起以社会需求为导向、与本地经济发展水平相协调的体育公共服务管理体制、运行机制和提供模式，在体育公共服务领域中引入市场竞争和激励机制，提高体育公共服务的社会化水平，提高体育公共服务的效率，提高体育公共服务领域中社会投入（社会投资、社会捐赠）的比重。由于政府组织和市场组织在体育公共服务供给方面的不足，非营利组织延展服务的补充不可或缺。体育公共服务体系的个人供给更多地体现了社区居民强烈的主体意识和积极的进取精神，激发了社区居民自豪感和社会责任感的回归，激活了社区居民真实参与意识，是社区居民自治的实现形式。其性质类似于非营利组织，但是却没有明确的组织形式，是个体的非制度化参与，具有更大的自适应性，属于补缺型服务。

天津市各类体育社团组织已超过 8 000 个，其中体育总会 18 个、单项体育协会 41 个。目前在天津市体育局管理下的体育社团有 25 个：天津市老年人体育协会、天津市体育舞蹈运动协会、天津市青少年体育协会、天津市毽球运动协会、天津市钓鱼运动协会、天津市马术运动协会、天津市电子体育竞技运动协会、天津市风筝运动协会、天津市体育总会麻将运动分会、天津市职工体育协会、天津市龙舟运动协会、天津市航空运动协会、天津市残疾人体育协会、天津市羽毛球运动协会、天津市台球运动协会、天津市健美操运动协会、天津市轮滑运动协会、天津市汽车摩托车运动协会、天津市跆拳道协会、天津市拳击运动协会、天津市妇女体育协会、天津市围棋运动协会、天津市铁人三项运动协会、天津市登山户外运动协会和天津市门球运动协会。

这些协会常年举办各类群众性比赛活动，丰富了市民的业余生活，有些赛事已经成为较有影响力的品牌。例如，“网协杯”青少年网球赛、天津武清国际马拉松比赛、天津“河东杯”2015 年中国体育舞蹈公开赛等，这些赛事的举办，大大促进了全民健身的进程以及调动了广大业余选手参赛的积极性。另外，天津市体育社团培养了大批体育后备人才及优秀运动员，如天津市田协培养的国家队跳高运动员王臣，足球运动员于根伟、刘云飞、林晨等，为天津市体育事业做出了较大贡献。

第二节　天津市大众体育公共服务产品

一、政策保障

“十二五”时期既是实现天津经济社会又好又快发展、全面实现天津城市功能定位、加快推进滨海新区开发开放的关键时期，又是筹备2017年第十三届全运会，加快天津体育事业、大众体育公共服务发展的关键时期。围绕《全民健身计划纲要》，天津市体育局针对天津市大众体育现状，制定了一系列旨在提高全市大众体育水平的政策，为天津市大众体育公共服务提供了政策保障。

《天津市体育事业发展“十二五”规划》颁布于2011年。该规划是根据《天津市国民经济和社会发展第十二个五年规划纲要》并结合天津市体育事业发展的具体情况而编制的，分析了“十二五”时期天津体育事业发展的形势和任务，确立了“十二五”时期天津市体育事业的指导思想、发展目标和主要措施，既是指导天津市体育事业发展的纲领性文件，也是制定天津市体育事业其他专项规划和政策的重要依据。

为积极探索具有时代特征、天津特点的全民健身发展之路，使天津市成为全国全民健身运动的先行者和排头兵，根据《全民健身条例》、《全民健身计划(2011—2015年)》和《天津市全民健身条例》，结合天津市实际，制订《天津市全民健身实施计划（2011—2015年)》。该计划提出了全民健身实施的指导思想和目标任务，就如何加强全民健身设施建设、广泛开展全民健身活动以及加强全民健身组织建设，初步建成遍布城乡、规范有序、富有活力的全民健身社会化组织网络进行了部署。

《天津市全民健身条例》共27个条目。它是根据《中华人民共和国体育法》和有关法律、法规的规定，结合天津市实际情况而制定的。本条例于2006年5月24日在天津市第十四届人民代表大会常务委员会第二十八次会议中通过，于2006年5月24日天津市人民代表大会常务委员会公告第72号公布，自2006年8月1日起施行。它对天津市全民健身活动的组织开展以及全民健身设施的规划、建设和管理，健身保障和法律责任都做了具体规定。

坚持“政府主导、部门协调、全社会共同参与”的“大群体”工作格局，逐步建立和完善覆盖城乡、结构合理、网络健全、运营有效、惠及全民的全民健身公共服务体系，确保全民健身专项资金的落实，促进全民健身工作不断发展，特制定《关于实行区县全民健身活动经费配比保障办法》。本办法规定了全民健身工作经费使用范围、区县全民健身工作经费配比原则以及监督检查的措施等，进一步规范了全民健身计划的实施过程。

为全面贯彻国务院《关于加快发展体育产业促进体育消费的若干意见》，落实全民健身上升为国家战略的总体要求，推进全民健身事业发展，让广大市民群众充分享受举办全运会带来的巨大成果，天津市人民政府与国家体育总局协商决定在筹办第十三届全国运动会时协同推进“全运惠民工程”，广泛开展以“迎接全运会、建设新天津”为主题的系列群众性体育文化活动，营造人人当好东道主的良好氛围；打造以全运文化、看台文化、体育文化、健身文化、东道主文化、体育与艺术、无烟全运会等为内涵的全国运动会文化体系，弘扬奥林匹克和中华体育精神，提高全民文明素质；举办“我要上全运”系列全民健身活动，使一批优秀健身项目进入全国运动会，走上开幕式、进入比赛场。

在顺利实现天津市“十二五”规划的基础上，2016 年颁布了《天津市体育事业发展“十三五”规划》。天津市“十三五”期间体育事业发展的主要目标为：以举办和参加 2017 年全运会和 2019 年全国第十届残疾人运动会暨第七届特殊奥林匹克运动会为契机，全面提升体育发展整体水平和质量，初步建成具有天津特色的全民健身公共服务体系。体育领域改革取得新突破，群众体育迈上新台阶，竞技体育整体上水平，体育产业快速发展，体育文化建设取得新发展，依法治体、依法行政的意识和能力显著增强，体育管理科学化、制度化、规范化水平进一步提高，努力实现体育事业全面、协调、可持续发展。

体育产业实现快速发展。贯彻落实国务院《关于加快发展体育产业促进体育消费的若干意见》，建立与天津市经济社会发展水平相适应，具有中国特色、天津特点的体育产业体系，不断完善体育产业扶持政策。到 2020 年，体育产业总规模达到 400 亿元，基本建成布局合理、功能完善、门类齐全的体育产业体系。体育产品更加丰富，市场机制不断完善，消费需求愈加旺盛，产业聚集效应初步显现，示范项目特色鲜明，体育产业增加值在全市生产总值中所占比重明显提高。

二、经费投入

经费投入是大众体育公共服务的根本保证，场地设施建设和维护、群众性体育活动的开展都离不开政府资金支持。天津市体育局根据各区县群众体育工作年度完成情况进行评估，按照评估结果，给予50万元、60万元、70万元的经费配比（滨海新区3倍配比）；区县财政群众体育工作经费投入低于50万元的，天津市体育局以1∶1的比例配比经费；区县没有将全民健身经费纳入财政预算、零投入的，天津市体育局不予配比。

“十二五”期间，天津市每年市本级用于场地设施建设的经费达1 500万元，为全民健身工程、体育公园、职工文体活动站、乡镇文体活动中心等配建体育场地设施，满足群众的体育健身需求。

每年投入市级体彩公益金2 000多万元，5年共计投入1.18亿元，引导、带动各级政府和社会各界投入超过2.45亿元建设城市社区和农村基层体育场地设施。为保证群众体育顺利开展，每年财政预算都会安排专项资金对体育场地设施进行维护。另外，天津市每年投入5 000万元资金支持8类体育产业项目。

三、场地设施

“十一五”期间，天津市利用财政拨款和体育彩票公益金直接扶持建成了健身路径986条、篮球场772片、全民健身点46个，更新、维护健身路径近千条。

另外，依据《天津市全民健身实施计划（2011—2015年）》，天津市建立健全市、区县、街道（乡镇）、社区（行政村）四级体育公共健身场地设施网络，人均占有体育场地面积达到2.7平方米以上。区县体育设施达到一场（体育场）、一池（游泳池）、一馆（体育馆）和一个全民健身中心的“四个一”建设标准。所有已建成的乡镇文体中心配建体育设施。积极为有文体活动中心的社区配建体育设施。建设100个体育公园，并配建包含篮球、羽毛球、乒乓球、儿童娱乐和残疾人健身等设施的一体化多功能体育场。大力加强城市社区、农村行政村的健身园建设和更新改造工作，使98%以上的城市社区和90%以上的农村行政村建有健身园。

天津市“全运惠民工程”实施方案主要任务提到加大各区县体育设施建设力度。实施体育彩票全民健身工程，推进城市社区、农村行政村体育健身园的配建和更新。建设200个以足球、篮球项目为主的综合性社区笼式足球场或多功能运动场；新建和提升改造社区、乡镇健身中心150个；60%的区县实现体育设施“五个一工程”建设目标，即每个区县拥有一个体育场、一个体育馆、一个游泳池、一个全民健身中心、一个体育公园。天津市各级各类体育公共场馆实施免费或低收费开放，开放率达到100%。配建郊野公园的健身步道、自行车骑行及轮滑道30处。提升改造山野运动基地，依托蓟州区山林修建登山、攀岩和滑雪场地及登山步道50条；在郊野公园增建户外营地50处及配建一批运动休闲设施等。实施天津市体育场地设施建设空间布局规划，建设市、区县、街道（乡镇）、社区（行政村）四级全民健身设施，打造体育设施“15分钟健身圈”。各类体育健身场馆设施得到大幅度增加，实现新建城市社区和农村行政村体育公共设施达到100%覆盖。

天津市政府为了解决广大人民群众健身场所不足的问题，专门制定了校园运动场地向社会开放的政策。2018年6月，天津市人民政府办公厅印发《关于推进我市学校体育场馆向社会开放实施方案》。该方案坚持以下4个基本原则。①政府统筹、多方参与。进一步强化政府公共服务职能，以政府为主导，以学校为主体，加强部门协同，引导社会力量积极参与，充分发挥体育公共资源的效益。②坚持因地制宜、有序推进。针对不同区域、不同学校的实际情况，分批、分阶段推动学校体育场馆向社会有序开放，并建立与之相适应的服务管理模式。③坚持校内优先、安全为重。学校体育场馆要首先保证本校师生的教育教学需要和日常活动需求，优先向青少年学生和社会组织开放。以确保校园安全为前提，加强安全管理，明确安全职责，形成学校体育场馆开放的安全保障机制。④坚持服务公众、体现公益。明确服务对象，完善服务条件，健全服务规范，立足公益，积极探索学校体育场馆开放多元化的成本补偿机制。

该方案的目标要求，2018年符合开放条件的公办中小学校体育场馆要全部开放，到2020年，经过改造符合开放条件的公办中小学校体育场馆全部开放；基本建立管理规范、监督有力、评价科学的学校体育场馆开放制度体系；形成政府、部门、学校和社会力量相互衔接的学校体育场馆开放工作推进机制。

该方案制定了具体的开放管理制度。①开放范围。公办中小学校（寄宿制学校除外）用于体育活动的室外场地设施，如操场、球场、田径场跑道等要先行开放；室内场馆设施原则上应对外开放。鼓励民办学校向社会开放体育场馆。②开放条件。

具备以下基本条件的中小学校要积极推进体育场馆向社会开放。

a. 学校体育场馆区域与学校教学区域相对独立或隔离，体育场馆开放不影响学校其他工作的正常进行。

b. 学校体育场馆有健全的安全管理规范，有相应监控设备、场地灯光照明，有明确的责任区分和完善的安全风险防控条件、机制及应对突发情况的处置措施和能力。

c. 学校体育场馆在满足本校师生教学、训练、竞赛、课外体育活动需求的基础上，还应有向社会开放的容量和时间段。

d. 学校体育场馆设施和器材等安全可靠，符合国家相关标准。设施周边显著位置要设置体育器械使用方法指示牌和安全警示标识，张贴安全须知。

该方案主要面对开放对象为本校及学区内学生、学校周边社区居民和社会组织。根据体育场馆面积、适用范围和开放服务承受能力，合理确定开放对象范围和容量。

该方案规定了学校体育场馆的开放时间。中小学校体育场馆向社会开放应在课余时间（教学时间与体育活动时间之外）和节假日进行，开放时间应与当地居民的工作时间、学习时间适当错开。每周开放时间原则上不低于25小时，国家法定节假日和学校寒暑假期间适当延长开放时间。开放具体时段、时长由各区、各学校根据实际情况予以明确规定。学校组织临时性教育教学活动或实施影响体育场馆开放安全的校园维修项目期间，学校体育场馆设施可暂停对外开放，并及时在学校门口及所在社区告示栏预先告示。

该方案规定了具体的开放要求。①中小学校室外操场、田径场跑道原则上应免费向社会开放；有偿开放的体育场、体育馆可由区人民政府统一招标采购运营单位，场馆运营单位按照不以营利为目的的原则，可自行确定收费标准，并严格落实明码标价制度。②社区居民须持有效身份证件或居住证明、学生凭学生证到所在社区办理校园健身电子智能卡后，刷卡进出免费开放的中小学校体育场馆健身。单位、社会团体需要集体前往学校参加健身或比赛，须经学校同意，在约定时间开展活动。③开放体育场馆的学校应在学校门口公布场馆开放时段、区域、项目、容量、收费标准、管理须知等。学校将开放体育场馆的名称、服务项目、地址、联系人等信息报区教育部门备案。④在使用学校体育场馆设施时，应当自觉遵守开放场地管理以及设施设备使用的各项规定，不得以任何方式扰乱管理秩序或者影响周边群众正常生活。严禁携带宠物和危险物品等进入校园，严禁开展易对锻炼人员产生干扰和意外伤害的活动。

该方案制定了具体的组织实施办法。由各区人民政府及其部门负责管理本区的学校体育场馆。①区人民政府要按照属地管理原则，对本区中小学校体育场馆向社会开放工作负总责，统筹组织领导，做好顶层设计，切实解决学校体育场馆开放过程中的难点问题。②区教育部门负责做好中小学校体育场馆开放条件评估，确定开放体育场馆名录，指导、督促名录范围内的中小学校按照规定有序开放体育场馆。③区体育部门负责培训和发展社会体育指导员及体育志愿者，鼓励社区体育俱乐部、青少年体育俱乐部参与经营、管理学校体育场馆，指导学校检修维护体育设施，指导居民正确使用体育设施和开展群众性体育活动。④区社会治安综合治理部门、区公安部门负责开放体育场馆的学校及周边的综合治理和治安管理工作。区社会治安综合治理部门负责组织相关部门加强学校及周边的综合治理和治安管理工作，由锻炼引发的纠纷警情由区公安部门依法处理，对于其他突发事件在区人民政府领导下依法妥善处置。⑤区财政部门负责统筹学校体育场馆开放所需资金。

各区所属的街道办事处、乡镇人民政府、社区居民委员会负责具体实施。它们的主要职责包括：①与辖区内中小学校签订体育场馆资源共享协议，并公布学校体育场馆开放时段、区域、项目、容量、收费标准、管理须知等。②根据签订协议学校体育场馆容量，负责为辖区内居民办理校园健身电子智能卡，并与居民签署安全协议书。③负责做好学校体育场馆开放宣传工作，教育辖区内居民爱护公共设施、遵守相关规定。

该方案还规定了中小学校的主要职责。①积极创造条件将符合区域内居民需求、符合安全要求的体育场馆向社会开放。②与所在街道办事处、乡镇人民政府或社区居民委员会签订学校体育场馆资源共享协议。③负责落实学校体育场馆开放的管理、设施维修更新、卫生保洁、秩序维护等工作。④鼓励学校开展以学校管理为主的运营模式，探索建立通过政府购买服务、委托第三方专业组织运营的模式。

该方案还制定了保障措施，主要包括以下几个方面。

（1）加强组织领导。各区人民政府要高度重视学校体育场馆向社会开放工作，成立学校体育场馆向社会开放领导小组，明确有关部门、学校责任分工，结合本区中小学校体育场馆情况制定学校体育场馆向社会开放实施细则，并抓紧落实。

（2）确保经费投入。市、区两级财政设立中小学校体育场馆开放专项资金。区财政统筹使用自有财力和市对区财政教育、文体传媒一般性转移支付资金以及市级体育彩票公益金，主要用于体育场馆开放管理人员、运营、场地设施更新维护、专项责任保险、分隔工程、场地照明、智能电子门禁系统安装维护等费用。市财政统筹安排专项资金，对中小学校体育场馆开放所需分隔工程、场地照明、智能电子门禁系统安装费用给予一次性补助，其中市对区补助比例为30%、对财力较为困难区的补助比例为50%。中小学校要专款专用，可统筹使用学校公用经费用于体育场馆开放工作。专项资金要专款专用，参与管理的学校人员费用不纳入绩效工资。

（3）推进风险防控和安保机制建设。各区社会治安综合治理部门要将校园安保纳入平安建设总体规划，加强推动落实、督促检查。区公安部门、开放体育场馆的学校要制定具体场馆的安保实施方案和突发事故紧急处置预案，落实安全风险防范措施，加强体育场馆开放时段治安巡查，做好体育场馆开放后的校园安全保卫工作。各区人民政府要为开放体育场馆的中小学校购买专项责任保险，在学校开放时段因场馆设施原因引发的人身伤害事故由保险公司赔偿经济损失；发生纠纷的，由属地公安派出所进行调解，对违法犯罪行为由区公安部门依法处理，学校应积极配合，确保学校正常教育教学秩序不受影响。因自身管理不善或安全防护措施不健全造成锻炼人员人身伤亡的生产安全事故，按照事故等级依法进行调查。鼓励引导参与开放共享场馆设施活动的人员购买运动伤害类保险。

（4）加强场馆开放管理人才队伍建设。各区教育、体育部门要对中小学校体育场馆开放管理人员进行相应的业务培训，不断提高其业务能力和水平。中小学校要组织体育教师和相关管理人员，积极参与场馆开放服务工作。区体育部门要引导社会体育指导员主动服务开放体育场馆的学校。积极鼓励热爱公益事业、具有专业特长的社区居民参与体育场馆开放工作的志愿服务，发挥其在活动组织、技术指导等方面的优势。

（5）加强督导检查。市全民健身工作领导小组建立学校体育场馆向社会开放考核机制，指导、督查学校体育场馆开放工作。采取各区自查、群众监督和抽查检查等形式督促工作落实。各区要公布辖区内学校体育场馆向社会开放监督电话。

天津市政府为天津市市民提供充足、优质、安全和低价的健身场所积极制定政策，筹措资金，加强管理。天津市政府所采取的这些措施为天津市大众体育的开展提供了良好的保障。

四、信息服务

大众体育公共服务信息服务包括政府信息公开和对市民的信息宣传和咨询。由于媒体高度发达，从技术上说政府信息公开已经完全具备条件。目前，天津市体育局建有网站，内容涉及政务公开、便民服务、党建工作、群众体育、竞技体育、体育产业、体育科教、体育竞赛等多个方面，并对各相关职能部门以及下属单位形成链接。各区县体育局在网站建设和信息服务方面明显落伍，多数信息发布依靠区政府网站，并且与媒体合作，加强体育文化信息的传播。比如天津市滨海新区，不断加强与媒体的沟通和合作，建立全民健身宣传推介窗口，加大体育宣传力度，为体育发展营造良好的舆论氛围和社会环境。推进全民健身信息化建设，建立滨海新区全民健身网，利用网络制作发放健身科普宣传资料，开展全民健身公益巡回讲座，促进体育生活化、锻炼常态化。组织全民健身志愿者走街道、入社区、进农村，普及健身知识，宣传健身效果，传授健身技能。鼓励有条件的企事业单位、体育社会组织参与到科学健身指导中来。

在信息公开方面，天津市体育局官方网站已经做了很大努力，但仍然存在不足，比如在信息公开的时效性以及市民关心的资金流向、财务状况等方面就有较大欠缺。天津市利用多种媒介开展多种形式的对市民信息宣传活动。例如，为了大力宣传《全民健身计划纲要》工程，抓住“十三五”和天津举办第九届大运会及第十三届全运会的有利契机，积极宣传全民健身知识，深入开展“体育器材、体育活动、体育科普”进社区、进农村等全民健身现场体验活动。

另外，建设“互联网＋全民健身”服务平台。催生全民健身新业态，充分利用“互联网＋”技术，丰富全民健身服务内容和手段。在已启动“天津市互联网＋全民健身入户工程”的基础上，整合健身信息聚合、健身应用程序（App）、智能健身硬件、健身在线培训教育等新业态，充分利用电视、手机、电脑等媒介平台丰富全民健身服务内容和手段，为实现全民健身基本服务全民覆盖奠定基础。利用互联网技术，创新体育场馆及全民健身设施的管理维护手段，做好全民健身绩效评估，健全全民健身激励机制。

充分利用广播、电视、网络、报刊、新媒体等平台，加大对实施“全运惠民工程”内涵的宣传力度。普及科学健身知识，推广科学健身理念，提升广大市民参与体育锻炼的意识，营造良好的全运氛围，激发广大市民参加“迎接全运会、建设新天津”活动的热情。

天津市打造了全国首个社会体育指导员工作平台——享锻炼。该平台作为“一站式”体育信息服务平台，能够推进普及科学健身知识，开展健身服务指导，实施体育指导员管理，为线下到线上提供更加快捷和贴身的服务。健身爱好者可通过搜索登录社会体育指导员工作平台寻找在线健身指导员，还可查询健身指导员的详细信息，追踪赛事活动进程，寻找身边的健身场馆设施。

五、体育社团组织

体育社团组织是大众体育公共服务的推手，是除政府和企业营利组织以外，对大众体育公共服务最有益的补充，在活动组织和项目推广方面有不可替代的优势。到 2015 年，天津市体育社区群众体育组织和健身队伍已达 1.3 万多个，市属单项体育协会 43 个；到 2018 年，天津市将再新增 1 000 多个以社区（居委、行政村）为主的群众体育组织。

天津市体育局下辖 30 余家体育协会在组织市级各项群众性体育活动，培养教练员、裁判员以及竞技体育后备人才方面做出了不可磨灭的贡献。各协会在长期组织体育活动过程中不断积累经验，体育活动内容逐年丰富，并逐渐形成有自身特色的品牌。“十二五”期间，天津市体育局共投入资金 2 000 多万元，支持各体育协会累计举办了各类市级全民健身体育比赛与活动近 1 000 项次，参加活动的人数接近 500 万。“十二五”期间，天津市各单项体育协会在实体化方面有了明显的进展。

截至 2018 年 9 月，天津市民政局注册的与体育有关的协会共有 261 个，包括各区的体育总会、部分区的农民体育协会、天津市及各区的中小学体育协会、天津市高校体育协会、各区的老年人体育协会、残疾人体育协会等各类协会。这些体育协会负责组织本协会的体育竞赛、推广、普及和交流活动。这些体育协会还会联合组织一些综合性的全民健身活动。

天津市体育社团组织的活动内容主要有：①体育社团组织开展的内部体育锻炼活动。这类活动大部分既满足体育社团组织成员对体育的兴趣和锻炼的需求，又能够增强体质、促进健康。②体育社团组织内部交流比赛，既包括小型比赛，又包括比较重要的大型比赛，促进组织的发展和会员间的互动交流。③裁判培训工作，体育社团组织培训对体育裁判有兴趣的社团组织成员，提高他们的裁判能力。除此以外，体育社团组织开展的活动内容还有组织宣传、发展会员等。

六、社会体育指导员培训

社会体育指导员是专门从事群众性体育活动的技能传授、锻炼指导和组织管理工作的人员，是发展体育事业、增进公民身心健康、提高生活质量、建设社会主义精神文明的一支重要力量。天津市是社会体育指导员制度的首创之地，如20世纪90年代的《国家社会体育指导员等级制度》就诞生于天津市。20多年来，天津市社会体育指导员队伍迅猛发展，截至2018年，体育部门培养社会体育指导员已达4万人。社会体育指导员每天活跃在社区乡村、公园广场、健身场所、企业学校等，为广大天津市民开展体育健身进行义务指导服务。

《天津市全民健身实施计划（2011—2015年）》中提到，在体育院校、运动队、各区县体育行政部门、行业体育协会建立全民健身志愿者指导基地，吸引学生、优秀运动员、教练员、体育教师、体育科研人员和社会体育人才加入全民健身志愿服务行列，到2015年，全民健身志愿者达到1.5万人。

在“惠民工程”章程中提到，优化社会体育指导员队伍结构，强化社会体育指导员在健身活动中的指导、组织作用，加强社会体育指导员队伍建设。“十三五”期间，借助全运会举办的契机，天津市新培养社会体育指导员1.2万人，总量达到4万人，占全市总人口的2.5‰。推行社会体育指导员网格化、定位化、岗位化的工作与服务机制，建立社会体育指导员与服务岗位“二位一体”的管理模式，试行社会体育指导员网络化实时管理，完善社会体育指导员的激励办法。

天津市定期举办社会体育指导员的培训工作。天津市体育局携手赞助机构组织全市的社会体育指导员的培训工作。仅2017年，经过天津体育学院培训、考核，有305人获得天津市体育局批准的一级社会体育指导员证书。天津市各区体育局每年都会组织二级、三级社会体育指导员培训工作，每次培训都会聘请高水平的讲师团队，对各街道、乡镇选派的培训人员进行严格培训和考核，确保社会体育指导员队伍具有扎实的理论基础和实践技能。天津市体育局还会与一些赞助企业合作，培养高水平的社会体育指导员。比如，2018 年香港赛马会助力全面健身系列公益活动，在天津开展了为期 5 天的社会体育指导员健身技能培训，有超过 100 名的社会体育指导员参加此次培训活动。

第三节　天津市大众体育公共服务供给模式

一、政府供给

由于存在市场失灵、外部性等原因，政府需要干预体育公共服务的供给。政府供给模式是指作为国家机构的政府以权力运作方式向社会提供或生产社会所需要的公共产品。政府供给模式是体育公共服务供给的传统模式，政府通过社会成员权利的让渡而享有公共权力，在体育公共服务供给领域发挥积极作用。相对于市场，政府在供给体育公共服务方面具有无可比拟的优势。

长期以来，政府供给模式作为我国体育公共设施供给的主要模式，为我国体育公共服务的供给做出了积极的贡献，在一定程度上可满足社会发展对体育公共服务的需求。在当前及今后较长时期内，政府供给模式在体育公共服务供给中仍扮演着重要角色。政府为那些不能够承受由其他部门提供的体育公共服务的人群提供相应的服务。由政府提供体育公共服务的关键动力在于通过财政补贴，让所有的人都享有参与体育的机会。政府在体育公共服务中的责任是：

第一，减少政府直接提供的体育公共服务，更多地利用市场主体力量参与体育公共服务的提供，如对体育公共场馆可以采取合同外包、特许经营等形式吸引市场力量参与和建设经营，同时强化政府监督和管理。

第二，鼓励体育非营利组织生产体育公共服务，通过提供政策支持、资金援助、补贴及其他优惠政策等方式，引导非营利组织提供全民健身服务和竞技体育服务的生产，形成政府与非营利组织的合作伙伴关系。但前提是，非营利组织必须保持自身的独立性。

第三，政府提供的体育公共服务要以普通民众为导向，通过公众参与决策和监督，营造公共选择机制和竞争机制，实行绩效管理等方式，改进政府公共服务的能力。

由于体育公共服务是社会成员的基本需求，满足服务需求的资源基本上都集中在政府，政策、资金、土地等要素特别是在初始阶段或较低水平阶段都应由政府提供，市场参与程度较低，参与热情不高。因此，目前中国大部分地区特别是中西部地区，政府在体育公共服务提供中起着主导作用。

天津市大众体育公共服务产品主要由政府提供，主要包括3类产品：第一类是投资大、回报率低的硬件设施，必须由政府承担起责任的产品，如休闲体育公园、体育公共场馆和全民健身路径。土地是增值和稀缺资源，配置权限都控制在政府手中，建成后的设施和场地基本上是公益性为主，较少通过市场产生经济效益，由政府一次性投入资金。例如，为举办2008年奥运会建设的天津水滴体育场（天津奥林匹克中心体育场），为举办第十三届全运会而建设的团泊全运基地，以及包括游泳、蹦床、散打等在内的22个场馆的选址与建设，在举办第十三届全运会周期中协同推进的“全运惠民工程”，建设市、区县、街道（乡镇）、社区（行政村）四级全民健身设施，打造体育设施“15分钟健身圈”。各类体育健身场馆、设施大幅增加，新建城市社区和行政村体育公共设施达到100%覆盖。建成海河划艇运动基地，打造东疆港海上运动基地、武清南湖体育休闲圈、七里海湿地户外营地、团泊湖自行车运动营地、大港航空运动营地等时尚、多元化的健身休闲营地。第二类产品是无形产品。这类产品属于政府的职能或者是政府具有资源优势，如政策环境、政府网站信息服务、群众性体育活动宣传等。第三类产品是具体的服务，如组织群众性体育活动、体质测试等。以每年举行的元旦万人长跑活动为例，从活动策划宣传、组织实施、场地路线、交通管制到经费投入，都是由天津市体育局在其他相关部门的配合下完成的。

通过天津市大众体育公共服务政府直接提供的方式可以发现，政府直接提供具备以下特点。一是政府从安排到生产全包，服务贯彻整个全过程，政府充当全权代理，行使集体选择权，提供什么样的服务、提供多少，均由政府决定。二是政府直接提供的产品多是投入大、受益面广的基础设施，如大型体育公共场馆、体育广场和体育公园等。三是政府直接提供公共服务有利于促进社会公平，在特定条件下具有高效率提高公共服务水平的作用。政府因拥有强制性权威，可以通过税收征集和资源重新配置让社会弱势群体享受基本公共服务，限制社会贫富过度悬殊，从而维护整个社会的稳定。在短时间内政府提供公共服务能迅速扩大公共服务范围并提高服务水平，但从长远看，其服务效率并不高。

二、市场供给

（一）合同外包

体育公共部门以契约的形式向市场购买体育公共服务，即由公共部门根据体育公共产品的性质经过反复权衡“内部生产”和“市场购买”的利弊，决定采用与企业签订合同的方式向市场购买体育公共服务。这种方式的特点有：一是提供者与生产者完全分离，政府作为体育公共服务的提供者，主要职能是掌舵，决定服务的目标和数量，并对服务过程和结果进行全程监控，保证服务质量。企业从政府获得体育公共服务生产权，在合同规定的框架下从政府获得收益，接受政府和社会的监督。目前天津市主要大型体育公共场馆和体育公园都采用合同外包的形式把部分服务内容交由企业经营，如天津富民体育公园、长虹公园的园林绿化工作由所属区园林管理处下属的园艺公司负责，从园林规划、绿化实施到后期维护管理的资金每年直接列入财政预算，各区财政局批准划拨。二是竞争代替垄断。传统的由政府垄断的局面被打破，通过引进多家企业，让市场竞争进入体育公共服务领域，可以形成一个因竞争而提高服务质量并降低成本的局面。三是监督更为有效。如果由政府直接生产体育公共服务，公众对政府和工作人员的监督比较间接，而且缺乏有效表达心声的途径和能力，因此，监督往往失效或薄弱。而合同外包不一样，政府可以根据合同条款控制承包人的活动并对服务质量和数量做客观考评，所以政府作为公众的代理人，其作用得到了加强。另外，合同外包也会产生一些额外的成本，比如，寻找合适的承包商、拟订合同及谈判、监督成本、合同不完善等产生的费用，如何控制这些成本，特别是在合同的完善上需要政府部门认真考虑。合同外包的另一个问题是使用范围，并不是所有的体育公共服务都可以外包，合同外包是一种限额交易，只是公共服务的部分环节或权利的转移。经验证明，只有那些功能较为单一、服务的要求和标准能够被准确地描述或量化、监督成本较低的部分才适合这种形式。例如，广州市体育公共场馆的环境卫生、安保工作多采用这种形式就是很好的证明。

（二）特许经营

特许经营是指政府授予企业在一定时间和范围提供某项公共产品或服务的权利（特许经营权），并准许其通过向用户收取费用或出售产品以清偿贷款，回收投资并赚取利润的一种经营方式。政府通过合同协议或其他方式明确政府与获得特许经营权的企业之间的权利和义务，私营企业通常要向政府付费。与合同外包不同的是，特许经营方式下由使用者向企业付费，企业向政府付费，合同外包则是由政府向企业付费购买服务。

根据设置进入者数量限额可以把特许经营分为排他性特许、非排他性特许和混合性特许3种。根据政府承担投资责任的不同可以把特许经营分为场地特许经营和租赁特许经营两种：场地特许经营指政府赋予企业对某项服务的经营权，由企业承担固定资产投资责任；而租赁特许经营则是将政府的设施、建筑物或土地租赁给企业从事商业活动，由政府承担固定资产的投资责任。

特许经营方式的优点：一是可以把政府从巨大的财政负担中解放出来，因为特许经营的领域和项目特点都是投资大、经营时间长、回收稳定但周期长，而民营企业的介入正好可以弥补政府的劣势。二是政府可以利用强制力防止自然垄断的发生，特许经营的服务领域多是基础设施和基础领域，多数属于传统的自然垄断行业，具有资源稀缺和规模经济效益等特性，政府通过制订行业准入标准，引进竞争机制，发挥市场的自我调节功能，防止自然垄断。三是价格的杠杆作用明显，因为是服务内容，是可收费项目，可以通过市场经济的价格机制进行调节和控制。

体育公共服务在基础设施方面由于是一次性生产投入，建成后的运营和管埋费用相对来说较其他领域要小，且受功能及回收成本时间较长等因素的影响，政府采用特许经营的方式不多。体育公共服务特许经营中最容易出现的一个问题是公益性的丧失，经营企业全部或部分改变体育公共场馆设施的用途，造成服务性质的根本性变化。

（三）用者付费

用者付费是由政府提供体育公共服务，从直接消费者身上收取一定费用的方式，目的是通过付费引入价格机制。近年来，由于社会经济的快速发展，群众体育需求旺盛，政府提供体育公共服务水平远远达不到社会的要求，完全由政府满足社会不断高涨的体育需求已经不可能，再加上群众生活水平提高，购买力增强，使通过付费享受体育公共服务成为可能，因此目前我国在体育公共服务领域中采用用者付费的方式比较普遍。体育公共服务中的纯公共产品因非竞争性和非排他性，增加一个消费者不会造成成本增加，均为免费提供。而具有一定竞争性不具有排他性特征的公共资源如体育广场或健身路径等产品，同样也是增加服务量时成本为零或者很低，通常也是由政府免费提供。“只有那些效率与产出密切相关的领域，使用者有充分的选择权利，并且他们的选择和需求对于服务的供给量有着决定性影响的领域”才比较适合采用用者付费的方式。我国多数体育公共场馆在经营管理中采用这种管理方式，由政府直接向社会提供服务，价格比普通的市场价格要低，政府财政实行部分补贴。这种方式的优点是能够减少政府财政压力，提高服务效率，改善服务现状，体现社会需求倾向；缺点是导致某种程度上的不公平，可能把弱势群体排除在体育公共服务之外。

目前用者付费的方式在天津市体育公共场馆使用的比较少，但这也是一种既能解决场馆经营中的资金困难又能防止公共服务中“公地悲剧”的方法。从天津市主要体育公共场馆的收费服务标准看，用者付费采取的是与市场接轨的方法，与经营性体育俱乐部价格相当。

（四）案例分析——天津市体育惠民卡

天津市体育惠民卡是天津市政府和企业合作为天津市市民提供优质廉价健身服务的重要举措。天津市市民持天津市体育惠民卡锻炼健身可享受政府补贴。2017 年 7 月 22 日，天津市体育惠民卡开始发行。体育惠民卡（以下简称优惠卡）由天津市体育局与中国工商银行天津市分行以银行借记卡形式联名发行，于 2017 年 7 月 24 日在中国工商银行天津市分行各网点公开发行。2017 年 8 月 1 日起，持卡市民可到体惠卡签约服务单位进行健身消费，还可以到第十三届全运会门票线下代售点购买全运会比赛门票。优惠卡一次性面向市民公开发行，2017 年优惠卡计划发行总量为 5 万张。凡天津市居民均可实名申请办理，每人限制申请一张卡，发行完即止。凡在银行办理优惠卡的持卡人，必须同时进行优惠卡的注册确认，持卡人不进行注册则无法享受政府补贴。持卡人在一个年度周期内到优惠卡签约服务单位累计健身消费或购买规定范围内的体育赛事观摩门票满 500 元时，最高可享受政府补贴 200 元。若在规定时间内个人消费未达到 500 元时，将根据实际消费额按比例进行政府补贴。若在规定时间内未曾消费，则不享受政府补贴。在一个年度周期内只享受政府补贴一次。在使用周期结束后如继续使用，需在规定时间内重新注册方可享受下一年度周期的政府补贴。

2017 年，第一批天津市优惠卡签约的健身企业共有 63 家。经过企业自主申报和严格的筛选，有的企业被清除，有的企业被遴选为新的签约单位。截至2018年，与天津市体育局签约的健身企业增加到107家。这一惠民举措大大提高了天津市市民的健身热情，同时为广大天津市市民带来了前所未有的健身体验。

第四节　天津市大众体育公共服务绩效评价

一、科学设计绩效评价指标

绩效评价指标是由一组既独立又相互关联并能较完整地反映评价目标的考核指标组成的评价系统，是判断服务主体在工作态度、工作效率、工作结果及社会反响方面的重要依据，是保证考核结果准确、合理的重要工具。绩效评价指标应反映包括体育公共服务在计划、组织、指挥、监督、控制、激励、反馈等每一个可能对绩效产生影响的环节。考核指标应针对不同的考核对象在不同的考核周期，确定不同的考核权重，既要具备科学性，又要有可操作性。

考核指标设计主要考虑以下几个方面的内容。

计划考核：考核计划制订的科学性和计划实际完成情况。要求公共部门在计划制订时要有明确的服务承诺，包括资金投入、完成事项、服务质量标准。

业绩考核：通过设定关键业绩指标，衡量各部门及员工重要工作的完成情况。指标可分为硬指标（即定量指标）和软指标（即定性指标）两类。

能力态度考核：评价服务态度和服务能力情况，不能完全靠内部评价，社会满意程度应作为重要评价指标，防止自演、自唱、自吆喝的情况出现。

二、合理确定绩效评价周期

绩效评价周期是指多长时间进行一次考核，周期确定合理与否将直接影响绩效评价结果，总体原则应是根据不同部门、不同工作内容、不同评价目的进行确定，周期能完整反映体育公共服务工作流程。例如，对工作人员的绩效评价和对部门的绩效评价周期不一样，对工作人员中的领导和普通员工的绩效评价周期都有区别。一般对工作人员的绩效评价可以按月或按季度进行考核，而对部门的绩效考核周期可能要长一些，部门绩效评价较为复杂，有的工作需要较长一段时间才能显现出来。

而对领导的绩效评价一般应与其任期结合起来，除了接受和普通员工一样的绩效考核外，还应接受任期结束时的审核和考评，建立责任追诉制，防止领导离开岗位后留给下任一个“烂摊子”的现象。

三、清晰界定绩效评价重点

大众体育公共服务绩效评价包含的要素很多，从评价对象来看，有个人和部门之分；从评价内容看，有个人的德能勤绩和部门的管理能力、水平、工作实绩、社会影响；从绩效管理来看，有制订绩效计划、实施绩效计划、进行绩效评估、开展绩效诊断与反馈、应用绩效评估结果 5 个基本环节。指标体系繁多，在绩效指标设置和评价过程中，不可能面面俱到，应该有所侧重，从指标权重到具体考核，抓住几个重点，才能真正实现绩效评估的作用。在所有体育公共服务绩效评价指标中，重点有：第一，考察资源配置效率，政府部门及社会力量在资源占有及使用过程中获得最大的收益，这就是服务实现了效率最大化。第二，考察责任性，公众知道公共部门提供的服务与利用纳税人的资金联系在一起时，就会比较清楚地了解该部门所负责任及责任完成情况，并对其提供的服务有更高的期望，投入更多的关注。要做到让公众了解服务部门的责任，则要求增加服务工作的信息透明度。第三，考察百姓满意度，让绩效评价走出内部单一主体评价的旧规，向社会开放。目前，网络的便捷为公众获取信息提供了条件，政府部门在提供服务的过程中接受社会监督从技术手段上来说完全可行，所以通过网络接受公众评价已经变成现实。

第五节　典型案例分析

一、天津市和平区大众体育公共服务开展情况

天津市和平区是天津市的核心区域，是天津市群众体育开展比较好的行政区，具有一定的代表性。

和平区是天津市金融、商贸、教育、旅游中心，面积只有 9.97 平方公里，常住人口近 32.2 万人，是全市人口最稠密的地区。在当今快节奏的都市生活中，人们的物质生活极大丰富的同时，人们对参与运动健身、追求健康的生活方式需求更加迫

切。因此，满足群众参与体育活动需求，广泛开展有计划、有组织、有特色、创品牌的全民健身活动就显得尤为重要。和平区顺应形势发展的需求在全民健身活动开展、抓好群众身边组织、建好群众身边设施、搞好群众身边活动等方面取得了一定的成效。

多年来，和平区全民健身工作，在区委、区政府的正确领导下，在天津市体育局的大力支持指导下，深入学习贯彻党的十八大和十八届三中全会精神，以科学发展观为指导，认真践行党的群众路线，围绕加快构建惠及全民、广大机关干部和社区全民广泛受益的宗旨，围绕可持续发展的基本体育公共服务体系，不断转变发展方式，扎实推进群众健身设施、组织完善、活动开展，取得了较好成效。2008—2014 年和平区体育局连续 7 年荣获了国家体育总局授予的“全民健身活动优秀组织奖”，建成国家级全民健身活动中心 1 个、国家级社区体育俱乐部 1 个、国家级青少年体育俱乐部 5 个（世博击剑）、国家级优秀体育社区 1 个，培训社会体育指导员 1 356 人，开辟全民健身站点 76 个，固定参与健身队伍 2 532 人。在天津市体育局的支持下，和平区体育局为社区、公园等市民健身休闲场所安装健身路径器械 1 151 件，每年举办和承办各类有影响的群众体育活动和竞赛 30 余次。经过全系统干部职工的不懈努力，和平区体育局较好地完成了天津市体育局布置的各项任务及区民心工程、重点政务目标及其他各项工作。

（一）领导重视，组织健全

为贯彻落实国务院颁布的《全民健身条例》和《天津市全民健身实施计划（2011—2015 年）》，和平区体育局依照天津市政府《关于印发〈天津市全民健身实施计划〉2011—2015 年的通知》，积极探索具有时代特征、和平区特点的全民健身发展之路，制定了《天津市和平区全民健身实施计划》，成立了和平区全民健身组织机构，落实了《全民健身条例》中提出的“三纳入”，即将全民健身纳入“十二五”规划，纳入区政府工作报告，纳入区政府财政预算，使《全民健身条例》得到有效的制度支持和资金保障，有力地推动了和平区全民健身事业持续健康、协调发展。

（二）加强基础设施建设，营造全民健身的良好氛围

1. 整合区内场馆资源

为了更好地发挥区属场馆作用，将区内场馆资源有效整合，和平区体育局于

2009 年 12 月申报和平区全民健身中心，经国家体育总局批准为国家级全民健身中心，同年国家体育总局副局长冯建中来和平区视察调研体育场地硬件设施情况时说：“中心城区人口密度大，建有如此布局紧凑合理的健身场馆，说明和平区对全民健身工作的重视，要发挥好健身设施的作用，使之惠及更多的百姓。”他对健身中心硬件体育设施给予了充分肯定。

近年来，区委、区政府高度重视全民健身活动开展，特别是在体育硬件设施方面给予大力投入，提级改造羽毛球馆，完善现有场地设施功能，为满足不同层次健身群体的需求，发展多功能综合性的健身运动场所。和平区全民健身中心总占地面积为 30 598平方米，其中室内场地建筑面积为 5 145 平方米、健身活动的室内面积为 2 992 平方米，由一座综合楼、田径场、室外篮球场和网球馆、壁球馆、体育馆、游泳馆组成。和平区全民健身中心始终秉承增进健康、服务大众的宗旨，每天7∶30—10∶00 面向广大健身爱好者开放。同时，在保证大众需求及运动员训练的前提下，充分挖掘场馆的功能和价值，举办多种多样、丰富多彩的体育健身活动，使场馆的利用率大大提高。此外，为了努力提升服务质量，场馆免费提供热水，同时配备了专职教练员和社会体育指导员，对来馆锻炼的群众进行免费咨询指导。

和平区全民健身中心为了充分了解和掌握全区干部职工和社区居民体质状况，科学指导干部职工和社区居民参加体育锻炼，满足人民群众强身健体需求，为开展全民健身活动提供科学依据，进一步推动和提升全区全民健身工作的整体水平，成立了和平区国民体质检测中心，先后多次对和平区全民健身中心工作人员进行专业的培训，为来馆健身群众免费进行体质检测，使他们的健身锻炼有了科学的依据，这一举措充分体现了全民健身工作的科学化和规范化，因此，得到了市、区体育局等各级领导的认可，同时受到广大干部职工和社区居民的普遍欢迎，也使广大群众更加关注体质健康，树立了运动有益健康的理念。

2. 对体育馆进行提升改造

和平区全民健身活动中心提升改造项目经 2018 年 2 月 19 日第 24 次常务会议通过，按照区委主要领导意见将原和平体育馆及和平网球馆、和平游泳馆三馆体育功能合并。新建和平区全民健身活动中心为地上 3 层（18 000 平方米）、地下 2 层（8 200 平方米）建筑，总计 26 200 平方米，其中体育设施主体面积为 18 200 平方米。计划总投资 2. 38 亿元（包含封闭篮球场改建工程）。建成之后的体育馆布局为：一层为50米游泳馆，二层共有12片羽毛球场地和一个体操馆，三层为4片网球场地。体育馆的设施更加完备、功能更加齐全，满足了广大体育爱好者的需求。同时，为了方便距离较远的运动爱好者参与体育运动，体育馆在负一层专门设立了停车场，解决了因距离较远不方便来馆健身的瓶颈问题。

3. 定期保养器材

充分利用现有社区空地结合公园整体升级改造，争取在社区、公园内安装全民健身路径器材，方便居民就近开展健身锻炼，逐步改善地域狭小群众健身场地不足局面，努力实现公园体育化、体育公园化的整体要求，实现全区全民健身器材的可持续发展。通过多年的努力，和平区已基本完成群众健身设施布局。此外，区体育局还积极努力做好两方面工作：一是与市体育局配合，完成对全区老旧健身器材置换更新工作，目前，社区、公园等市民健身休闲场所安装健身路径器械917件，大大方便了居民就近参加健身锻炼；二是为了保证器材的正常使用，为社区居民可就近参加体育健身锻炼提供便利的条件，解决全民健身路径、器材只管建无人修的瓶颈问题，区体育局与器材厂家达成协议，在保修期内选派专业人员定期对体育健身器材进行集中统一检查维护和检修，如超过保修期，自行购买零件，同时联络厂家进行维护和修理，为了保证检修工作的及时有效，区体育局还为检修人员专门配备了电动车。在多重举措的保证下，确保社区全民健身器材完好，此举得到了市体育局的充分肯定，同时保证了全民健身工作的顺利开展。

（三）办好体育赛事，引领群众健身活动深入开展

1. 举办国际赛事，提高和平影响力

2012年9月和平区体育局上下一心、通力协作，圆满完成中信银行“和平杯”第六届亚太宿将乒乓球邀请赛，来自美国、澳大利亚、新加坡和中国台北、中国香港、中国澳门等13个国家和地区的500余名运动员参加了比赛。

2. 创立地区特色比赛，打造和平竞赛品牌

和平区始终坚持城市体育以群众体育为重点，不断满足广大机关干部职工和社区居民健身需求，根据和平区地域狭小、人口稠密的特点，不间断地组织开展丰富多彩、小型多样、群众喜闻乐见的全民健身活动，使健身活动成为提高生活质量、增进社会交往的手段，如组织开展了游泳、登山、“三八杯”、足球、田径、拔河、棋牌类、“拱猪”、网球、乒乓球、健身操（舞）、羽毛球、保龄球、钓鱼 、广播操

等特色体育比赛，“三八杯”和登山比赛尤为突出，已经成为和平区群众体育的招牌比赛和品牌比赛。

“三八杯”是和平区延续时间最为久远的体育项目，连续30多年从未间断，如今已成为传统的特色项目。该项目集趣味性、娱乐性和运动性于一体，为广大职工和群众热捧，并被广大领导一致认可和推崇。同为和平区传统特色的职工登山比赛连续17年得到组织开展，职工登山活动足迹遍布北京、天津、河北、山东、河南，得到全区广大干部职工的积极参与。每年来自区级机关领导、区属50余个单位干部职工和社区居民及青少年学生共计3 000余人次参加了和平区举办的各项群众体育比赛。系列群众体育活动的成功开展确保了全民健身活动的广泛参与，取得了良好的效果。

2015年举办了和平区第八届全民运动会，作为区政府20项民心工程工作内容之一，由区委、区政府主办，组委会各成员单位协办，区体育局承办。本届运动会紧紧围绕建设国际宜居城区这一战略目标，进一步完善政府主导下的人民群众广泛参与全民健身活动的运行机制，不断提升体育公共服务水平，满足人民群众多样化、多层次健身需求，推动全民健身大发展。比赛于2015年3—10月陆续开展，运动会共设田径、趣味、篮球、拔河、乒乓球、羽毛球、第九套广播体操、象棋、太极系列等15个大项，共设5个组别：区属行政事业单位组、青少组、领导干部组、社区居民组、残疾人组［特别增加了社区居民和功臣功勋企业组（韩国企业银行IDK)］。此外，社区居民组分别就自己的特色项目承办了一项比赛。

3. 大力扶持社区各项全民健身工作，立足社区、服务社区

始终秉承“我运动、我健康、我快乐”的健身运动宗旨，区体育局大力开展街道社区全民健身活动，社区体育工作取得了丰硕成果。一是经费保障，资金支持。每年年初区体育局为各街道办事处拨出专项经费用于街道社区体育工作的开展，组织社区居民参加市体育局和区体育局举办的各种全民健身活动，给予资金的奖励与支持。夏天，区体育局为各街道健身队配备健身T恤2 000件。二是改变形式，创新赛事。2017年各种全民健身活动丰富多彩，为了更好地创新活动形式，展现健身队伍的风采，区体育局首次创办了社区优秀健身操舞展示大赛。此次大赛打破了以往将各参赛队局限于场馆比赛的旧模式，将比赛舞台设置在各晨练站点，带领评委团逐个实地评选，深入全民健身第一线，受到街道社区的广泛好评，取得了很好的

效果。此外，2015 年和平区第八届全民运动会增设了社区居民组，6 个街道根据其特色分别承办一项社区居民组体育赛事。三是有组织、有规划、有骨干、有方法。区体育局有组织、有规划地开展各项街道社区体育活动，充分运用多种方法，积极带动体育骨干发挥作用，将街道社区体育工作开展得红红火火。

4. 组建和平区健身骑行队，成就生活新风尚

为配合市体育局主办的以“生态、绿色、运动、健康”为主题的第四届全民健身运动会启动暨“团泊新城杯”环湖自行车赛，在分管区领导的大力支持下，区体育局通过各街道组建了 331 人的和平区健身骑行队，参加此届大众健身骑行活动。众多自行车骑友环湖骑行，以车会友，充分展示了良好的自行车运动水平和体育道德风尚。

5. 加强指导员队伍建设，创立联系社区指导员新机制

为加强对社区健身站点的组织管理，完善全民健身组织网络体系，区体育局不断完善社区体育组织三级管理网络，即区体育局、街道办事处、社区晨晚练站点各自职能作用，发挥社区体育组织作用和职责，承担起社区体育活动的开展；搞好区内所辖晨晚练站点建设，搞好社区体育组织和指导员队伍建设，进一步加大社区体育健身组织建设和社会体育指导员培训力度；发挥社会体育指导员作用，选派优秀体育骨干参加国家级、一级社会体育指导员培训班，同时举办二、三级社会体育指导员培训班，仅在 2014 年就有 161 人参加二、三级社会体育指导员培训，37 人参加一级社会体育指导员培训，5 人参加国家级社会体育指导员培训并已取得等级称号；在 2018 年将近 50 人参加一级社会体育指导员培训。区体育局还加大各级指导员的培训力度，提升指导员的全面素质，为指导员队伍建设添砖加瓦。

区体育局定期召开社区骨干队伍联系会议，推广优秀晨练队经验交流，进一步搞好社会体育指导员的培训工作，富有成效地宣传健身知识，传授健身技能，开展科学、文明、健康体育健身活动。根据不同年龄层次的健身需求，区体育局聘请不同项目的专业教师集中时间对全区一线社会体育指导员进行专题讲座，提高一线社会体育指导员的理论与实践功底，增强其与社区群众的纽带关系，大大提升全民健身活动开展的效率。

（四）加强科学健身理念的宣传，提升全民健身科学化水平

区体育局不断创新宣传观念和宣传方式，注重宣传实效，分不同健身项目进行

指导，编排适合不同年龄人群的健身项目，通过有线电视台及局域网播出，提高健身活动的知晓率和参与率，加大体育人口比例。根据和平区健身人群的健身需求，通过推广健身知识和方法，做好普及宣传，有针对性地开设全民健身专题讲座，让全社会形成“我运动、我健身、我快乐”的积极向上的健身氛围。另外，利用体育教师、体育从业人多而精的资源优势，广泛动员和组织社会体育指导员、学校体育教师和暑期体育院校回家的学生开展义务健身辅导，利用丰富的体育专业技术知识，向广大群众讲解健身知识，推广健身方法，搞好群众身边的健身活动，普及科学健身理念，让全民健身活动惠及更多群众。

天津市和平区具有丰富的社区体育场馆资源，在提供大众体育公共服务模式上不断创新，总结出了一套因地制宜的大众体育公共服务的方法和措施。这些方法和措施给天津市其他区提供了可供借鉴的经验。

二、天津市全民健身活动中心

天津市全民健身活动中心（以下简称中心）作为全国全民健身项目的重要试点单位，依照国家体育总局文件及天津市体育局的指示精神，在开展群众体育活动、繁荣体育事业等方面做出极大努力。中心以满足人民群众日益增长的体育健身基本需求为目的，是天津市唯一一家通过中国体育服务认证的体育场馆。中心作为市委、市政府 2005 年 20 件实事之一，于 2005 年 7 月 2 日正式对外开放。

中心坐落于河东区八纬路 100 号，占地面积 13 000 平方米，建筑面积10 102平方米，拥有专业的体育标准场地，其综合性强、专业性突出、功能齐全、档次较高。中心共计两层：一层为办公区、羽毛球馆和健身馆，二层为乒乓球馆和武道馆。羽毛球馆内设 6 片专业标准场地，地板材质为带有防震功能的塑胶地面，场馆内配备先进的 LED 场馆专业照明排灯。健身馆环境舒适，温度适宜，场地设施安排合理，是广大健身爱好者理想的锻炼场所。健身馆开设瑜伽、普拉提、民族舞、有氧拉丁、有氧健身操、动感单骑等课程，为广大会员提供优质体质检测、教练指导服务。健身馆内还配备各款力量及形体训练器械、完善的洗浴设施等，集休闲娱乐为一体。乒乓球馆于 2013 年正式对外开放，馆内设置了 10 张高档球台和 VIP 豪华运动包间，符合正式乒乓球比赛标准的灯光照度，运动配套设施齐全，环境幽雅，针对广大市民的不同需求，设有晨练卡、季卡、计次卡等多种会员卡种类，尤其深受中老年朋友的喜爱。武道馆成立于2005年，隶属于天津市武道弘毅剑道运动俱乐部，主要开展4项运动，包括剑道、跆拳道、空手道和太极拳，并包含成人和少儿训练。

中心内部还设有天津体育之光书画院、体质测试中心、冰蹴球推广区、培训室及300平方米的会员活动休息区和相关餐饮、娱乐等配套设施。

自中心开放以来，主要从事以公益性活动为主导的工作内容，每天06:00—22:00向市民开放。中心积极推行和倡导科学化健身，努力为市民打造一个卫生整洁、秩序良好、环境舒适的优质健身场所。场馆内多项活动内容均为低收费或免费开放，中心提供的健身服务价格亲民、举措惠民，得到了市民的高度评价和肯定。中心于2006年被国家体育总局评选为贯彻《公共文化体育设施条例》先进单位，成为全民健身行业的领先者。

中心以“活动策划、赛事组织、品牌推广、会展服务、趣味运动会、健身指导、专业培训、健康处方、体质监测、户外指导员营救培训”等为主营业务，下设办公室、财务部、健身项目部、市场开发部、工程安保部、采购部六个部门，以“践行以人为本，承担社会责任，服务全民健身，达到顾客满意”为服务方针，本着“诚信、谦和、创新、求实”的团队精神和“细节定成败”的工作理念，为政府部门及企事业单位提供个性化、社会化服务。

2015年起，中心发挥自身社会力量举办了“喜迎全运会，建设美丽天津”全民健身大舞台活动、市民民俗大联动展演活动、“姚记扑克”杯市民扑克大赛、市民趣味运动会、素质体育机器人推广活动、天津市老知青照片展、全市柔力球交流赛、全市东岳太极拳交流赛、市民健康大讲堂、体育书画作品展等活动。据统计，中心每天接待各类健身活动人群达700人次，全年接待约26万人次。

中心作为天津市体育局的直属事业单位，充分发挥其特有专业优势和人力资源，为不同年龄段的各类人群提供参加体育健身活动的便利条件，已成为天津市体育健身的活动基地。一方面承担着相关政府部门传统体育项目的组织实施工作，另一方面肩负着全民健身活动推广普及的责任，同时在此过程中还要积极创新并与市场接轨。

中心将依托天津市体育局、天津市体育总会、天津市老年人体育协会、各区县体育局、各区县社区体育“绿色健身站”等系统内的相关单位，共同合作，致力于搭建互动体育产业的发展平台，探索互动体育产业新的商业发展模式，共享互动体育带来的机会，联合社会各界力量，共同打造互动体育产业。

第八章　国外大众体育公共服务的经验与启示

第一节　国外大众体育政策、法规

大众体育又称群众体育，西方大众体育的主要表现形式为社区体育。在我国，一些专家将大众体育称为体育公共，由于西方国家没有体育公共的提法，因此，对西方国家相关研究依然采用“大众体育”的习惯称谓。大众体育是指普通民众自愿参加的，以强身、健体、娱乐、休闲、社交等为目的，一般不追求达到高水平的运动成绩，内容广泛、形式多样的体育活动。随着生活水平的提高，发达国家对大众体育的重视度越来越高，许多国家将大众体育上升到国家战略来推动，并出台政策、法规来保障大众体育的健康发展。

一、美国、加拿大大众体育政策

（一）美国大众体育政策

1. 户外休闲计划

户外休闲是一种新的运动休闲方式。它有利于人们放松和调节心情、保持身心愉悦、维护生命健康、体能定期恢复。户外休闲运动的内容包括很多，如运动、散步、旅游、踏青等，都属于户外休闲的范畴。1973 年，美国内政部制定了名为《户外休闲——一份美国的遗产》的全国性户外休闲计划。该计划号召，通过保证城市和农村的人参与户外休闲的机会来提高美国人的生活水平，不论有钱人或穷人，青少年或老年人以及残疾人都应获得这种机会。

2. 《健康公民 2000 年》规划

1990 年，美国保健福利部制定全民健身年规划——《健康公民 2000 年》。该规划将增强城市社区体育中心的数量作为一个重要指标，并规定平均每万人拥有 200 多个体育场地，人均体育场地面积高达 16 平方米。该规划明确规定，至 2000 年，美国城市社区每 10 000 人要建 1 英里野营、自行车或健身路径，每 25 000 人要建

1 个公共游泳池，每 1 000 人要建 4 英亩（1 英亩 =6.07 亩）开放的休闲公园。美国 6 岁以上的公民中，30% 以上要做到每天多于 30 分钟的轻度或中等强度的运动，约 80% 的人要了解体育和保健常识。该规划还具体规定了企业开展大众体育的要求，即雇员在 180 ~ 250 人以上的单位，必须提出本单位的体育发展计划，必须为参加体育锻炼者提供活动的场所。活动场所的具体指标为：59 ~ 99 人的单位，应建有供 25% 的人参加活动的场所；100 ~ 249 人的单位，应建有供 35% 的人参加活动的场所；250 ~ 749 人的单位，应建有供 45% 的人参加活动的场所；750 人以上的单位，应建有供 65% 的人参加活动的场所。《健康公民 2000 年》规划，拟在教育国民并积极创建一种引导健康生活的方式，以实现国家大目标为目的，这一大目标即是增加国民健康生命的长度、减少美国民众中的健康不平等待遇问题以及实现全美人民的预防性服务目标。

3. 大众体育场地设施配套计划

美国高度重视大众体育场地设施建设，50 个州均通过法律制定了一系列大众体育场地设施的相关政策。1961 年，美国房产与城市发展部颁布《开放场地计划》。该计划规定，政府资金可以拨给有关社区用于公园与休闲场地的建设。1965—1966 年，美国国家公园服务部和美国森林服务部通过“第 66 号文件”，规定了 6 种类型的社区公园体育设施配套标准，向人们提供大量的国家公园和森林中的休闲场地与设施。2009 年，时任美国总统奥巴马批准了投资 12 亿美元，用于在全国的城市社区建设步道与自行车道的计划。该计划不但增加了美国公民的社区体育健身场所，也将成为城市交通的重要组成部分。2000 年，美国国家健康中心制定《健康国民 2000 计划》。该计划对居住社区的体育设施提出了明确的硬件要求及目标，号召和鼓励所有政府部门包括军事部门无偿支持大众体育场地设施建设。2000 年美国国家健康中心进一步制订《AUU 身体健康计划》，对社会各阶层的体育锻炼和体育设施配套建设提出了要求。50 个州出台政策，鼓励社区政府与有关机构合作，修建和拥有社区体育场地设施。为修建社区体育场地设施，社区政府可通过购买、赞助、赠送、特许等方法获取土地。

在美国，学校体育设施是社区体育设施的重要组成部分，部分社区体育活动依托学校体育设施开展。在美国 2 万所中学中，拥有体育馆 2 万个、田径综合设施 1.7 万个、游泳池 4 000 个。美国大学体育联盟所属的 730 所高等院校中，拥有室内篮球场 2 571 个、体育馆 790 个、橄榄球场 744 个、田径综合设施 682 个、游泳池 603 个、摔跤馆 422 个、冰球场 146 个、山地滑雪基地 44 个。许多学校的田径馆、棒球馆和游泳池规模宏大，配有合成塑胶跑道、人工草皮、电动计时器、电影录像设备、浴室和更衣室等，并有容纳数千甚至上万名观众的座位。美国各学校的体育设施不仅完全能满足体育课和课外锻炼之用，许多还向社会开放。为了开展社区体育活动，政府与校方联合制订计划，使学校设施尽可能多地向社区居民开放。

（二）加拿大大众体育政策

加拿大是北美地区较早重视全民体育的国家。政府对大众体育的介入可以分为 3 个阶段：第一阶段是 1930—1960 年，加拿大联邦政府颁布《加拿大身体健康法》；第二阶段是 1960—1980 年，联邦政府开始正式介入体育；第三阶段是 1980—2000 年，联邦政府做出了一些新的尝试去改变加拿大体育公共服务的方向，出台一系列政策，以保障大众体育的开展。

1.《加拿大公民体育政策提案》

1970 年，《加拿大公民体育政策提案》发布。报告表明，为了能突出精英体育的表现，就必须促进大众参与体育。该报告阐述了培养精英体育的重要性，更加重视大众体育的管理。这一时期其他的政策文件包括《走向业余体育政策》（1977）和《走向国家健身及娱乐政策》（1979）。这些文件说明了两个关键问题：第一是对精英体育的关注；第二是联邦政府需要更多地介入体育公共活动。1981 年，加拿大联邦政府发布白皮书《国家面临的挑战：80 年代的健身和业余体育》。其侧重点和上一份白皮书《走向业余体育政策》很相近。这份白皮书研究了联邦政府在业余体育和大众参与方面的作用，还涉及大众参与体育的机会问题。

2. 加拿大大众体育中的女性政策

财富是决定许多加拿大人参与体育活动的一个重要因素。经济上的不平等也体现在体育公共参与上。这种不平等的模式一直在重复，并对那些被排除在外的人造成伤害，比如妇女、原住民、残疾人和贫困人员。

1974 年，健身与业余体育理事会组织召开了国家妇女体育大会，这为妇女参与讨论提供了一次机会。1986 年，加拿大政府出台《体育加拿大：体育中的女性政策》，其目的是为女性在体育的各个层面赢得平等机会。但遗憾的是，该政策没能消除提高成绩的潜在的结构性障碍，限制了女性参与体育活动的持续性改变。

3. 加拿大大众体育中的其他政策

20 世纪 80 年代以来，加拿大实施的一系列大众体育政策有《国民体质调查》（1981）、《关于高龄者体质调查全国会议的设置》（1982）、《标准体力测验量表开发》（1989）、《体质调查研究所成立》（1985）、《指导者及设施资格认定程序》（1989）等。从 1981 年开始，加拿大连续进行了 10 次国民身体状况与体育活动调查，为相关体育政策的制定提供依据。2002 年 9 月，《身体锻炼和竞技运动法》被提交国会讨论，先后经过加拿大国会众议院、参议院审议，于 2003 年 3 月经总督签署正式成为加拿大第 2003 号法令，《身体锻炼和竞技运动法》明确了加拿大政府关于体育发展的政策目标。2001 年，加拿大政府对体育政策进行了评估，认为此前在很大程度上强调了高水平运动的发展，忽略了加拿大大众体育的进一步推广和发展，并颁布了新的加拿大《体育政策目标》。加拿大体育局将 2002—2012 年的体育发展重点目标进行调整，将大众的参与也纳入其体育发展政策目标并作为重点在全国推广实施。2005—2006 年，加拿大体育局实施《体育资助项目》，对地方承办的大众体育赛事进行资助。近年来，加拿大政府陆续出台了《关于原住民参与体育的政策》（2005）、《残疾人体育政策》（2006）、《积极参与妇女和少女的体育政策》（2009）。这体现了加拿大大众体育政策对这 3 个目标群体的关注。

二、美国、加拿大大众体育法规

（一）美国大众体育法规

1919 年，美国联邦政府出台《体育法案》，这是美国第一个全国性的体育法。1927 年，美国 32 个州政府出台各州的法律条文，规定“社区体育可以使用学校的建筑作为社区体育中心”。

1950 年，美国国会颁布《奥林匹克协会组织法》，把对体育活动的管理授权给群众团体和业余组织，不受政府直接控制。

1972 年，美国联邦政府通过了有关妇女有同等受教育权利的修正案。该法规定不同性别的人具有同等受教育和参加体育运动、使用体育设施的权利，它在消除对妇女的歧视和偏见、促进妇女体育的发展方面发挥了重大作用。

1978 年，美国国会进一步出台了《业余体育法》。该法案对美国竞技体育的发展产生深远影响，同时在推动业余体育发展和大众体育参与方面起到了积极作用。

1965年，美国联邦政府通过《土地与水资源保护法》。该法规定，联邦政府每年拨款7.8亿美元用于建设大众体育场地设施。同年，《联邦规划休闲法》出台，使得联邦的水资源项目得到很好的开发，为水上运动休闲活动的开展提供服务。

2009年，美国众议院推出《美国当今个人健康投资法案》。该法案将改变美国现行的税法，规定美国公民用于群众体育活动和健身活动的花费不计入消费税。

（二）加拿大大众体育法规

加拿大体育法的渊源主要包括判例法和制定法。加拿大分别在1943年、1961年、2002年制定了加拿大《国家身体健康法》《健康与业余体育法》《身体锻炼和竞技运动法》，而1961年前制定的法律基本不能称之为体育法。

1943年，加拿大政府通过《国家身体健康法》，发起并认可了和大众体育相关的讨论及社会问题。该法案起到以下效果：一是成立国家身体健康委员会；二是拨款给省级政府；三是在联邦政府内部建立身体健康分支机构——国民健康和福利部。但该法于1953年就被废除了。

加拿大《国家身体健康法》被废除8年后，1961年下议院一致通过《健康与业余体育法》，这标志着联邦政府开始持续介入体育公共事务。该法案的目的是鼓励加拿大的健身和业余体育发展，还规定联邦政府有责任辅助省级政府资助运动员，帮助发展国内和国际层面上的业余体育运动，并为体育委员会的发展提供资金支持。

2002年9月16日，《身体锻炼和竞技运动法》被提交国会讨论，经过审议，于2003年3月19日正式成为加拿大第2003号法令。该法令取代了1961年颁布的《健康与业余体育法》，明确了加拿大政府关于体育发展的政策目标，其核心是加强政府在体育锻炼和竞技运动发展中的主导职责。该法令还提出建立独立机构——加拿大体育纠纷解决中心，并规定该组织的主要任务是为涉及相关纠纷的当事人提供调解和仲裁服务，以避免体育纠纷走向普通的司法诉讼程序。

加拿大政府制定有关身体锻炼政策的目标有3个：一是促进加拿大人参与身体锻炼，使其成为国民健康幸福的基本要素；二是鼓励加拿大人将身体锻炼融入日常生活，改善国民健康状况；三是减少国民积极参与身体锻炼的障碍。

加拿大政府制定的有关体育政策是建立在高道德标准和价值观上的，包括公平尊重地对待所有人、保证每个人公平地参与体育运动、公平公正地解决体育纠纷等。

加拿大政府制定该政策的目标有两个：一是提高体育运动的参与度，支持竞技体育的发展；二是加强加拿大政府在体育锻炼和竞技运动中的地位。

三、英国、德国大众体育政策

（一）英国大众体育政策

英国于1948年第一个宣布建成了“福利国家”。英国的福利制度改革大致经过了3个阶段，即传统福利国家模式、新自由主义经济模式和网络协作模式（社会投资型国家）。传统福利国家模式要求政府承担满足大众体育的需求，提供基础设施的需求，但是社会福利支持日益攀升，政府难以承受，社会负面影响非常明显，因此，其福利政策从政府完全负责不断演变为政府部门与企业协调配合的网络协作模式。这种模式的特点是强调发挥市场经济作用，减少国家干预，政府不再完全承担市场化的大众体育需求费用。但是，英国体育公共设施仍然以政府为主导，为提高其效率，运营方式上将体育公共设施的经营管理权授予私营机构或者非营利组织。

英国大众体育政策也随着国家福利政策的改变而改变，在不同的模式中，大众体育思想有着不同的实施形式。英国政府对体育休闲娱乐活动非直接的管理已经超过了100年的历史，从19世纪到现在，作为政府共识的目标，作为提高人们的健康与体能水平的体育休闲娱乐活动得到了政府部门长期的倡导和支持。英国政府部门管理对象从少数群体转向大众，英国群众体育管理的区域化和地方政府化的趋势开始加强。

目前英国正在实施《社区业余体育俱乐部计划》，该计划使4万多家俱乐部享受税收减免的福利，从而使得更多的人参加体育运动。体育彩票是各国发展体育事业的重要经济手段和经费来源渠道，英国等西方国家，已把发行体育彩票作为扶持体育事业的有力支柱。例如，英国“援助竞技体育基金”的主要来源也是依靠发行体育彩票，同时国家通过法规规定将彩票收入的75%投入社区体育中。英国的彩票管理方式是采用企业承包制，将彩票通过招标的形式由凯美乐公司负责发行，期限为7年。

（二）德国大众体育政策

1.《德国体育奖章》

德国体育委员会是管理体育的最高社区体育组织，该组织的主要贡献为1913年颁布了《德国体育奖章》制度。该制度是德国体育领域中历史最悠久、大众参与面最广、影响最大的全民健身制度，并于1913年开始为体育达标的成年男子颁发“德国体育奖章”，奖章分金质、银质和铜质3种，当年仅颁发了22枚。1921年、1925年、1927年分别开始为体育达标的成年女子、青少年男女颁发“德国体育奖章”。《德国体育奖章》制度的颁布与实施加强了国民的体育意识，提高了国民的体育热情，达到了强身健体的目的。

2.《家庭体育奖章》

《家庭体育奖章》制度无任何测验，锻炼方法也简单易行，更能吸引人们参与体育锻炼。该制度的目的是激励国民参与体育的热情。《家庭体育奖章》制度使家庭成为体育活动参与的基本单位，是推动全民健身运动的有效手段，家庭体育成为大众体育发展的主要方向及发展重点，同时也成为德国大众健身新的突破口。只要全家（至少3位）参加由体育俱乐部或单项协会所组织的集体活动，就可获得布质纪念徽或铜质纪念章。《家庭体育奖章》制度颁布当年，全国就举办了8 000多次大型群体活动。

3.《黄金计划》

第二次世界大战结束之后，在1959年第五次德国联邦会议中，德国奥林匹克学会会长格奥尔格·冯·欧宝第一次提出了一项全民案例，即《黄金计划》。对当时的德国来说，这项计划主要是为所有国民都可以便捷地参与体育运动而建造离家和学校不远的体育设施。其主要目的是在全国范围建设体育基础设施。该计划共需要投资63亿德国马克。在第一个《黄金计划》（1960—1975年）中，德国各地区先进行统计学上的统计、统筹，然后按场地的面积与居民的数量来规划，根据场地规划与人口的关系，不同的场馆，按不同的标准来规划，如游泳池是按1人1平方米来规划的。《黄金计划》在全国各城市政策的保证下，体育设施兴建更得到了各界的大力支持。1960—1975年，体育设施建设迈出了很大的步伐。从1960—1975年的体育设施数量及相应面积的比较中我们可见这一显著变化。

德国第二个《黄金计划》（1976—1985年）投资额为76亿马克。这个计划提出更标准的要求，各类场地按人口平均需达到下列指标：儿童游戏场分 5 岁以下、6 ~ 11 岁和 12 岁以上 3 种专用场，每种按居民每人 0.5 平方米；运动场每人 4 平方米；体育馆每人 0.2 平方米；游泳馆水面每人 0.01 ~0.25 平方米；露天游泳池水面每人 0.05 ~0.15 平方米。要求各区镇参照这一指标，根据居民、学校体育俱乐部分布情况统一规划，合理布局，统筹兴建，综合利用。到 1984 年底全国共有体育场 40 000 个、体育馆 24 800 个、室内游泳池 3 400 个、露天游泳池 4 000 个。上述数字中不包括私人场馆，如果算上这些，实际数字至少要高出 10%。1976—1985 年的 10 年中，体育设施建设又迈出了很大的步伐。

四、英国、德国大众体育法规

（一）英国大众体育法规

1.《大众体育的未来》

英国于2000 年颁布了《大众体育的未来》法规。该法规有两个目标：一是使更多不同年龄、不同社会阶层的人参与体育运动；二是使高水平的竞技运动员和运动队取得更大的成功。该法规中规定，国家理事机构的商业运作会得到政府支持，从电视转播收入中拨款 5% ~10% 投入基层体育设施建设和体育活动中，惠及学校的专业体育人士、妇女和群众体育活动，以吸引非成员组织的参与。同时，规定加大对社区体育的资金投入，将提供 1.25 亿英镑的新机遇基金，帮助城乡社区创建体育设施或提高现有体育场馆的开放程度和利用率；加大资金的投入，体育彩票的 75% 将投入社区体育。

2.《竞赛计划》

《竞赛计划》是《大众体育的未来》的继承和细化。该计划体现了大众体育和竞技体育并行的政策。《竞赛计划》分别从基层参与、高水平表演性竞技运动、大型体育赛事、政策制定和实施 4 个方面对进一步实现大众参与和高水平竞技运动这两个目标做出了规定。《竞赛计划》有两个特点：一是政府投资巨大，体育经费一般占 GDP 的 0.2% ~0.6%，国家体育经费的构成比例是中央政府占 5%，地方政府占 95%。在私人部门的经费中，居民个人的占 94%，私人公司的捐款仅占 6%。二是对弱势群体的关注，尤其是儿童和青少年，该计划强调至少保证 75% 的儿童和青少年每周参与 2 个小时体育活动。

3.《英格兰体育战略 2008—2011》

2008 年英格兰发布了《英格兰体育战略 2008—2011》。该战略希望通过新的社区体育发展战略的实施，到 2012 年能实现以下发展目标：一是 100 万人口参与更多的体育运动；二是在 5 个关键的运动项目上，1 ~ 18 岁间中断体育活动的人数减少 25%；三是至少改善 25 个运动项目的后备人才培养体系；四是增加人们体育体验的满意度，并对满意度第一次提出了量化考核目标。

4.《社区运动场所计划》

《社区运动场所计划》强调升级、改建、维修现有体育场地设施，建立标志性设施，并作为奥运遗产永久保留。鼓励人们在当地开展体育运动，招募、培训、安排 4 万名体育带头人作为下一代的体育志愿者，组织和领导基层体育活动；创造运动机会和挑战，让每个人都有机会参与。

（二）德国大众体育法规

为了大力开展大众体育，德国制定了不少法制规章制度，如《德国体育宪章》《闲暇体育方案》《德国体育指南》《联合声明》等。

1.《德国体育宪章》

1966 年德国体育联合会制定了《德国体育宪章》，《德国体育宪章》的开头就明确提出“体育为全民的健康和幸福服务”。《德国体育宪章》希望开展不依赖竞技能力的大众体育活动，同时举办大众体育讲座和举行大众体育比赛。在《德国体育宪章》中还对学校体育做出了要求，规定小学一、二年级每天要有体育活动时间；从三年级开始每周 3 个小时体育课，下午在自愿组成的兴趣小组中进行 2 个小时体育锻炼；职业学校要有固定的体育课；学校体育与俱乐部的合作要进一步加强；学生家长与学校共同负责制；提供良好的体育场馆以及为学生颁发“青少年体育奖章”。

2.《闲暇体育方案》

1976 年德国体育联合会通过了《闲暇体育方案》。这一方案有 14 项任务，其中主要任务如下：认清体育在闲暇时间的作用；从事大众体育与闲暇体育的研究；制订大众体育与闲暇体育的指导计划；落实闲暇体育活动设施和提供闲暇体育信息与咨询等。德国体育联合会的这一号召得到全民的积极响应，约 2 700 万人热情地投入闲暇健身运动。

3.《德国体育指南》

2000年12月颁布实施的《德国体育指南》是1966年《德国体育宪章》新时代的修订本。它是德国体育联合会制定的关于德国体育的最高法律文件，对德国体育运动的组织、宗旨、原则、成员资格、机构及其各自的职权范围体育各种活动的基本程序等作了明确规定。《德国体育指南》由6部分组成，其中的第6部分主要涉及大众体育，有“坚持满足大众日益增长的体育需求”“加强青少年体育工作”“完善体育志愿者队伍”等条款，事实上它已成为21世纪德国大众体育的行动纲领。

4.《联合声明》

2000年，在德国体育联合会成立50周年的大会上，德国体育联合会与州体育部长发表了《联合声明》，旨在推动学校体育发展，强调学校体育对于终身体育锻炼的重要意义，同时也为21世纪的德国学校体育指明了发展方向。此《联合声明》可以说是1972年的《学校体育活动计划》及1985年的《第二个学校体育活动计划》的延续、完善和补充。该声明指出学校体育未来的发展目标有3个：一是提高大众体育的地位；二是完善大众体育俱乐部活动计划：三是大众体育必须成为世界上规模最大的社会性市场经济活动。

五、日本、韩国大众体育政策

（一）日本大众体育政策

1964年冬奥会后，为满足本国人民对于追求体育、健康的权利以及日益增长的闲暇消费需求，日本采取重点发展大众体育，兼顾竞技体育，各领域协调发展的政策。在1970—1988年日本生活支出的选择统计中，闲暇的消费支出由13.8%上升到33.7%，并在1983年超过衣、食、住及耐用消费品位居首位。2008年，日本体育人口比例已接近全国的5%，日本大众体育事业走在亚洲发展前列。

2000年后，日本政府出台两部国家体育发展计划，推动日本体育发展进入新的阶段。日本政府十分重视计划目标的量化工作，强调对计划的理解和跟踪，使计划内容层次分明。

1.《体育振兴基本计划》

2000年，日本《体育振兴基本计划》将“终身体育”作为日本民间体育发展的目标。《体育振兴基本计划》以《体育振兴彩票法》和《体育基本法》两部法案的实施为前提，旨在实现日本“体育权利”普及化、政策内容系统优化、保障体育财政投入、创造安全体育环境、提高传统体育化辨识度。《体育振兴基本计划》主张提出构建终身体育社会；每2个成年人中有1人（50%）每周参加1次以上体育活动；每个市区町村（街道）至少要培育1个综合型社区体育俱乐部；都、道、府、县至少要建立1个支援所辖市区町村综合型社区体育俱乐部的体育中心。《体育振兴基本计划》面向终身体育社会的实现，在各地区建立良好的体育环境，以终身体育、竞技体育、学校体育为三大支柱，支撑起了日本体育整体的结构体系。

2.《体育立国战略》

2010年，日本中央教育审议会的分科会通过了《体育立国战略》（以下简称《战略》）报告方案。《战略》是日本国家体育的一项重大政策，《战略》从行政组织、法律保障、资金投入、健全环境、文化宣传等多个方面进行竞技体育和群众体育整体协调发展的保障，揭示了日本体育近年发展的政策依据，提出创造针对各个年龄阶段的体育机会，培养和强化活跃在世界竞技舞台的高水平运动员，促进体育界的合作和协调行动，营造良性循环，提升体育界的透明性和公平、公正性，建造全社会支持体育事业的氛围，强调体育对内、对外都是国家重要的文化战略。

3.《体育基本计划》

2012年，日本中央教育审议会的分科会通过了《体育基本计划》报告方案。日本出台《体育基本计划》，为日本大众体育发展提出新时代命题，要求提高日本学校和社区中孩子参与体育运动的机会，促进各年龄阶段人群的体育活动，改进社区体育环境。《体育基本计划》在内容上注重体育价值观的树立；强调推进大众基础条件配备工作；团结不同的社会组织共同合作建设本国体育；建设“大众体育为竞技体育提供基础，竞技体育再为大众体育发展提供支持”的良性循环机制；推广使用确保运动安全的AED（自动体外除颤器）技术挽救运动中心脏骤停病人；壮大社区体育组织。

4.《21世纪国民体育振兴计划》

早在2001年和2008年，日本体育协会就推出了《21世纪国民体育振兴计划》。在《体育基本法》《体育基本计划》方针指导下，2013年，日本体育协会又推出了《21世纪国民体育振兴计划（2013版）》。计划提出创建综合型社区体育俱乐部全国代表大会，各个都、道、府、县要举办国民体育大会，在体育指导员制度中增设体育志愿者指导员，促进民间体育组织的自立、自律和自治，构建有效的体育组织结构和体制。

（二）韩国大众体育政策

韩国体育由生活体育、竞技体育、残疾人体育3部分组成，其中生活体育和残疾人体育是韩国大众体育的主要内容，体育逐渐成为韩国人民生活中不可或缺的一部分。近些年，韩国体育事业发展快速，体育人口数量持续增长，2000年韩国体育人口为全国人口的65.9%；每周至少2次体育运动的人数，从2008年的34.2%增长到2010年的41.5%，同比增长了7.3%。韩国大众体育事业在体育团体结构、生活体育设施、学校体育和地区体育合作、生活体育财政等方面有所建树。韩国体育发展重点在大众体育，韩国政府将实现其大众体育的社会化、终身化、生活化，适应国民日益增长的健康需求作为行政目标。20世纪末，韩国政府出台《国民生活体育振兴综合计划》和《全民体育振兴5年计划》两部关于国家体育发展的重要计划。1990年韩国出台《国民生活体育振兴综合计划》，该计划以振兴生活体育为目标，提出通过振兴国民生活体育，实现福祉社会，合理利用能源，加速国家社会发展，丰富余暇生活，培育优秀青少年，为韩国的大众体育谋求长远发展。

1993年至今，韩国每5年出台一次全民体育振兴计划。《全民体育振兴5年计划》旨在推动大众体育设施扩充建设；科学引导地方大众体育的健康发展，开放大量体育广场，组织体育比赛，提高体育人口比重；培养大众体育指导员。在全国范围内开展大众体育运动，提高骨干运动水平，发展新的运动技术，促进体育产业，完善体育活动信息建设和体育信息网络建设；引导韩国大众体育产业向专业化和个性化方向发展。

六、日本、韩国大众体育法规

（一）日本大众体育法规

日本通过立法的形式让本国大众体育的发展得到监督和保障，为国民参与体育运动、组织开展体育活动赋予法律权利和义务。

1.《体育基本法》

2011年日本《体育基本法》在1961年的日本《体育振兴法》基础上，对体育事业发展的诸多事项进行重新规定，这是日本第一次在法律中提出“体育是一项人权”，要求国民尊重运动规律，参与运动。强调将体育政策纳入国家战略，整合政府体育管理职能，扩展政府体育管理职能范围，强化体育社团的作用。

2.《体育振兴彩票法》

日本为确保体育财源，在1998年制定了《体育振兴彩票法》。《体育振兴彩票法》法案规定振兴体育彩票销售额的50%返还中奖者、15%作为管理费，剩下的35%作为收益。体育彩票收益用于完善综合性区域体育俱乐部室内建设；扩大综合型区域体育俱乐部的创立及活动范围；支持区域居民参与体育活动；加强对潜力运动员的挖掘和培养，对体育团体进行援助；为在日本的国际比赛提供资助。

（二）韩国大众体育法规

1.《国民体育振兴法》

1962年韩国出台《国民体育振兴法》，这既是韩国体育的根本大法，也是韩国政府第一次明确表示将振兴国民体育作为政府工作目标。该法案规定要以促进国民身心的全面发展、丰富和愉悦国民生活为目的，指出国家应开发和支持休闲体育活动、实施国民体质监测；设置国家体育节、体育周；提出创建国民体育振兴基金，用于促进体育科学与教学体育团体的培育、国内及国际体育赛事、扩展体育设备；等等。

2.《国民生活体育设施扩充中长期计划》

2014年，韩国文化体育观光部发布了《国民生活体育设施扩充中长期计划》。该计划在全国各处为国民提供体育公共设施，预计投资1.272万亿韩元，增设1124项体育设施，到2022年，大幅度增加体育设施，最终确立全国的体育设施供应计划，国民可以随时随地进行体育活动。

第二节　国外大众体育组织机构

一、美国、加拿大大众体育组织机构

（一）美国大众体育组织机构

美国大众体育组织机构可以分为3个层次，即联邦政府管理层次、州政府管理层次和地方政府管理层次。联邦政府管理的大众体育机构主要由美国政府机构、总统健康与运动委员会和总统户外休闲组成；州政府管理层次主要由州公园与休闲委员会组成；地方政府管理层次主要由城市休闲委员、县休闲委员和城镇休闲委员组成。

美国政府部门为大众体育的开展制定相关文件并提出具体的实施意见。美国联邦政府中，有 70 多个政府机构向人们提供户外运动的机会。在 50 个州的户外运动管理机构中，21 个州设置了专门的休闲体育管理机构，其余各州则设置了综合性管理机构。民间团体是美国大众体育活动的主体力量，且独立性很强，互不干涉。

1. 政府机构

（1）联邦政府。

美国大众体育的管理机制是社会团体管理型。政府职能部门中没有设置专门管理体育事务的行政机构，体育事务被看作是一项社会公共事务由社会团体运用市场手段进行管理。政府只是通过一些法律、经济文化政策来引导社会发展体育事业。美国联邦政府对大众体育进行宏观管理，而具体事务主要由社会团体和商业俱乐部进行管理。联邦政府各个部门设有专门对应的体育主管委员会，负责全面的体育协调工作，指导社会组织和私人企业俱乐部开展社区体育运动。

美国联邦政府于 20 世纪 50 年代末开始干预大众体育，成立了青少年健康总统委员会。该组织于 1961—1963 年改名为总统健康与运动委员会，明确其任务是致力于全民的健康工作，为促进大众体育的发展提供咨询服务。例如，美国休闲体育协会是美国国内最大的体育机构之一，该机构下辖 10 000 个休闲俱乐部，接受联邦政府直接管理，该机构遍布全国各地。

（2）地方政府。

在州政府的管辖下，美国社区开展大众体育活动。在美国社区中，社区体育一般由公园与休闲委员会负责。公园与休闲委员会下有 3 个部门，即计划与开发部、活动服务部、综合部。美国社区体育的管理体制是行政长官负责制，下设专门机构，具体由职能明确的部门进行运作，调动一切可以利用的人力、物力、财力，最大限度地满足社区居民的体育文化休闲需求。在美国，社区体育的最基本形式是体育公园，它的管理组织是地方政府出面组织，董事会或委员会直接进行管理，董事会或委员会直接对市长或城市主管领导负责。

2. 社会团体

美国大众体育虽然由各级政府分层次协管，但是，美国大众体育并不由政府直接实施，而由对应层次的各种独立和半独立的大众体育社团机构直接实施管理，如户外运动管理机构、休闲体育管理机构、总统健康与运动委员会、公园与休闲委员会、单项体育联合会以及各色体育协会等。美国奥委会下设50多个单项体育协会，其中奥运会项目的单项体育协会28个。每个单项体育协会根据地理行政区域划分为若干数量的地方协会。单项体育协会除了下设一定数量的地方单项协会外，还会设几个大区协会，每个大区协会负责一定数量的地方单项协会。单项体育组织在全国下设500个俱乐部，通过俱乐部直接为全国各地提供大众体育服务。单项体育协会是管理和促进业余运动的最大组织。

美国有206个全国性的体育协会、102个全国性学术团体，许多协会都有地方分会，地方分会又构成体育总会。体育总会一般由两级组成：一级是执行委员会，另一级是指导委员会。体育总会和各协会管理着大量的俱乐部。目前美国与体育相关的全国性非政府组织多达317个，它们是美国大众体育事务工作的承担者。

3. 体育俱乐部

体育俱乐部是美国社区体育的基本组织形式。体育俱乐部是人们有组织参加体育活动最方便、最有效的途径，是社区体育的主要载体。美国不仅有社区、学校、企业、军队等体育俱乐部，而且还有社区健身中心、大学休闲中心等。美国社区体育组织（CSO）是为其居民提供娱乐休闲、体育竞技的非营利志愿团体中的重要组织。社区体育组织在社区中心往往拥有独特的地位，这是因为其非营利管理模型、创造社会资本的属性以及促进志愿服务等因素造成的。在非营利体育组织环境下，赞助商作为一种商业部门的合作伙伴可以使体育运动机构获得所需的物质和金融资源。发展与商业组织的关系是非营利体育组织生存及增加收益实现组织目标的一个日益重要的手段。

美国大众体育健身，主要体现在各色健身俱乐部所运作出来的3个层次、7种类型上。概括而言，3个层次的第一层次为传统性的老式俱乐部，如网球、高尔夫球、帆船俱乐部，约600个；第二层次为健身和使用球拍俱乐部，有8 000～10 000个；第三层次为隶属于各类组织的准俱乐部，数量超过20 000个。7种类型包括：一是商业性健身中心和健美俱乐部；二是私人体育健身俱乐部；三是旅馆、大型建筑和公园中的休闲和健身中心；四是隶属于社会团体的俱乐部；五是各类公司的体育健身俱乐部；六是心血管康复中心及运动医学活动和恢复中心；七是业余和职业的运动项目俱乐部。20 世纪 90 年代初期的一项调查表明，美国 70% 的俱乐部属于小型企业，因为这些俱乐部的年均收入不超过 350 万美元，只有略高于 1% 的俱乐部年收入超过这一数字。

（二）加拿大大众体育组织机构

加拿大政府对体育事业的管理分为国家级和地方级两个层面。加拿大政府的体育管理体制中，分权化的趋势十分明显。各省在体育管理中，拥有制定自己的体育政策，对本省的体育事务实施全面管理的权力，联邦政府一般无权过问各省政府体育管理事务。各省政府一般设有体育管理的专门机构，其最主要的工作职能是建设和管理本省的体育与休闲设施，向居民提供参与体育的机会。

1. 国家体育管理机构

目前，加拿大体育局是加拿大联邦政府体育管理的最高政府机构。联邦政府规定，加拿大体育局以促进高水平竞技运动的提高和推动加拿大体育事业整体的发展为主要工作任务。其机构有国家体育组织（National Sport Organizations）、国家综合体育服务机构（National Multisport Service Organizations）、加拿大体育中心和机构（Canadian Sport Centres and Institutes）。

（1）国家体育组织。

国家体育组织是加拿大体育事务的国家管理机构。这些组织实施国家体育发展战略，管理加拿大体育的方方面面，促进教练员和政府官员发展加拿大的体育事业，支持加拿大的国际赛事，促进加拿大竞技体育的发展。加拿大奥委会、全国各单项体育协会、加拿大公园与休闲协会是国家级独立的体育组织。除此以外，还有一些半独立的国家级体育组织，如国家体育与休闲中心、加拿大教练员协会、加拿大冰球协会、加拿大与北冰洋运动会协会、加拿大联邦运动会联合会、加拿大反兴奋剂中心等。

（2）国家综合体育服务机构。

国家综合体育服务机构为国家和社区体育提供特定服务，起到领导和协调的作用。这些服务包括体育教练员的教育和认证、体育计划在高等教育机构的发展、对原住民的支持、妇女和少女在体育运动中的参与、体育纠纷问题的解决、大众体育的参与。

（3）加拿大体育中心和机构。

加拿大体育中心和机构是由加拿大体育处、加拿大奥林匹克委员会、加拿大教练员协会和地方政府合作创建的。加拿大体育中心和机构支持加拿大竞技体育的发展。除了运动员训练外，加拿大体育中心和机构还提供职业培训，促进加拿大体育的发展。

（4）政府其他部门和机构。

加拿大健康部的加拿大健身处是管理大众体育的主管机构，主要工作任务是推动加拿大“积极生活”运动的开展，通过宣传、联络、协调等方式推动大众体育的发展。加拿大人力资源部也参与大众体育管理，主要负责学校体育、学校体育课程与体育设施的建设、城市运动公园青少年服务、竞赛计划，以及对运动场的财政拨款、对加拿大公园与休闲协会提供资助。

2. 地方大众体育管理机构

加拿大地方大众体育管理主要有3种模式：第一种模式是由被任命的市议员组成的休闲委员会管理地方的体育与休闲活动，这是加拿大市级体育管理的主要形式。在加拿大，一般的城市社区都建有公共社区体育中心，这些中心一般由休闲委员会管理。休闲委员会一般委托一个管理委员会管理社区体育中心。休闲委员会的任务就是尽可能使所有的社区居民（依据其能力、兴趣、年龄）享受体育休闲带给他们的乐趣。第二种模式是市政府设立综合性的休闲部门，除管理体育以外，还管理旅游、文化等其他休闲活动。第三种模式是在许多中小城镇设有政务要员会，雇用部分专职和兼职人员，主要依靠志愿者。

二、英国、德国大众体育组织机构

（一）英国大众体育组织机构

英国体育管理是一种国家宏观调控、全社会共同参与管理和经营的体育管理体系。英国体育管理体系是一个非常复杂和庞大的体系，除了政府机构外，还有众多的非政府（社会）组织也积极地参与体育事业管理。英国数字化、文化、媒体和体育部是国家管理体育事业的主要机构。另外，英国的儿童教育与家庭部、环境部、教育就业部主要管理英国的学校体育。英国数字化、文化、媒体和体育部下辖英国体育与娱乐中央委员会、英国奥委会和英国体育理事会，主要管理国家的竞技体育和大众体育。

1. 社区体育组织机构

英国社区体育组织管理机构经过数百年的发展已经日渐完善，并且不断形成一个管理体系，维持着英国社区体育活动的正常开展。按照性质可分为政府部门与非政府部门，英国各地区政府部门既是政策制定机构，也是政策执行机构，但政策的执行大多交给一些社会组织，社会组织主要是指俱乐部和一些地方非营利组织。

（1）政策的制定机构。

英国全国性社会体育政策的主要制定机构是英国数字化、文化、媒体和体育部，英国4大部分（英格兰、威尔士、苏格兰、北爱尔兰）各自负责本地区的体育发展，英国体育理事会主要负责竞技体育。英国体育理事会和英国四大行政区（英格兰、威尔士、苏格兰、北爱尔兰）体育理事会合作完成对社区体育发展政策的制定。所需要注意的是，英国传统观点认为，社团体育是参与者的私事，因此，政府一般不干预体育政策的执行，或者说，政府对体育事务主要进行宏观调控。

英国体育理事会主要负责国家体育政策制定、国际交流、体育投资、体育竞技等。区域体育理事会主要由英格兰、威尔士、苏格兰和北爱尔兰4个相对独立的区域体育理事会组成。英格兰体育理事会在全国设立11个办事机构，其中在伦敦设立1个中央办公室，另外设立9个地方办事处，并在拉夫堡设立了公共服务中心，负责处理所有的拨款申请和疑问咨询。英格兰体育理事会设立了8个部门，每个部门主管负责本团队的日常事务、与合作伙伴的合作及其职责范围内的事务。

（2）政策的执行机构。

英国各地区的理事会是国家最高政策执行机构，它们负责政策的制定、细化及解释，并与各社会组织共同合作完成政策的执行。社区体育执行机构大多由一系列的社会机构构成，如单项体育联合会、地区体育合作组织、商业体育俱乐部和社区体育委员会、高校体育部门，这些机构不具有政策制定的职能，仅具有政策执行职能。体育政策执行是多元合作的过程，体育理事会、单项体育联合会、体育俱乐部、地区体育合作组织、私有企业、各种级别形式的学校以及其他合作组织等形成的网络成为政策执行的主体，保证政策的有效执行。

（3）体育俱乐部。

英国社区体育开展方式有多种，体育俱乐部是民间组织的主要形式，是人们参加社区体育训练活动的最广泛的方式。体育训练、体育设施和体育比赛都是围绕着体育俱乐部展开的。英国社区体育俱乐部具有非营利性、自愿性、大众性、自主经营和政府扶持的特点。社区体育俱乐部对体育人口比例的提高以及体育人口的稳定，起着积极的主导性的作用。英国社区体育俱乐部有 15 000 多个，俱乐部会员650 000人，俱乐部平均会员人数 43 人，占人口比例的 1.3%。在地方层面上，社区体育领域还有 200 个全国性非营利组织，这些组织的活动涵盖休闲领域的各个方面。

2. 社区体育组织管理体制

英国社区体育公共服务流程表现为政府出售、政府与民间协议、合同承包、志愿服务等特征。社区体育是公益性的，政府应该为大众提供必备的基础设施；英国政府通过强制竞标、企业合作或者租赁等方式吸纳社区资本的投入，保证社区体育正常开展，英国的社区体育管理体制是政府起主导作用的，主要表现在 2 个方面：一是在国家体育政策的实施上；二是在体育资源的配置上。

这种管理体制主要有 2 个方面的特征：一是强化基层政府对大众体育的管理；二是形成了体育社区网络，社区体育网络没有一个明确的领导组织，它是由具有共同目标的合作伙伴一起组成的。

（二）德国大众体育组织机构

德国体育政策的特点是体育自治。第二次世界大战后，联邦德国的宪法准许体育俱乐部和体育联合会享有组织上的自治，由此确定了体育“独立”和“自我负责”的基本原则。1990 年两德统一后，基本沿用了联邦德国的体育体制和核心政策。当前德国联邦政府中没有专门的体育部从宏观上管理体育运动，政府把体育管理的任务交给社会体育组织来完成，政府在体育管理中只扮演协作者的角色。

1. 大众体育组织机构

政府把体育管理的任务和权力交给了社会体育组织，并且从法律上保证这些组织的高度自治性。社会体育组织主要有德国奥林匹克体育联盟、德国体育资助基金会等。

（1）德国奥林匹克体育联盟。

德国奥林匹克体育联盟是德国体育最重要、最具权威的管理机构，在德国的体育管理事务中处于领导地位。它在国家体育政策的制定和实施以及体育资源的配置上起主导作用，政府（联邦、州和地方3个层次的政府机构）只对体育的政策、措施提出建议，并对那些对国家事业有关的体育活动（如高竞技中心和联邦基地的建设等）提供资助，它不干预社会体育组织管理其内部事务。德国奥林匹克体育联盟和各个州的政府负责将政策进行解读并细分，最后与社会体育组织合作共同完成政策的执行。这些体育组织主要有16个州的体育联合会、60个单项体育协会（33个奥运项目，27个非奥运项目）、11个承担特殊职能的体育协会、6个体育科学与教育协会、2个支持性的协会。德国的各个地区、各个城市和各个社区都分别有全国性的组织，它们分别是全国地区联合会、德国城市联合会和德国城市与社区联合会。这些组织存在的目的是促进和保持各个层次行政管理系统的自治和独立，其中，社区联合会在体育运动的发展中起着很重要的作用。

（2）德国体育俱乐部。

德国体育俱乐部体制在发达国家中很有代表性，自1816年德国第一个体育俱乐部成立以来，经过将近200年的发展，至今已经有9万多个体育俱乐部，会员2 700多万人。大多数德国体育俱乐部是由300人以下会员组成的小型俱乐部，细分这一类俱乐部，其中会员人数少于100人的俱乐部数量最多，占全国俱乐部总量的35.2%。会员人数大于10 000人的俱乐部比较少，占全国俱乐部总量的5.5%，这些大型俱乐部容纳了全国29.6%的俱乐部会员。

德国体育俱乐部作为一个自由团体，其特征表现为5个方面：一是“自由的成员资格”；二是“以成员利益为准则”；三是“不依赖第三者”；四是“义务参加工作”；五是“民主决策”。其在协调运转中又表现出“团结合作”“角色分配”“非正式控制”“协调自治”和“通过人际关系树形象”这5类行为特征。俱乐部会员大到1 300多人，小到100多人，而一半的俱乐部有自己的独立设施。

根据《德国奥林匹克体育联盟2009/2010体育运动发展报告》显示，德国58%的体育俱乐部（52 600家）使用乡镇或学校的体育设施。其中34%的俱乐部免费使用体育公共设施，并且不需要给予任何回报。而需要以某种形式进行回报的约占42%，需要支付使用费的约占4%。总体而言，俱乐部使用地方上的体育设施需要支付的费用或给予的回报较少。以2008年为例，平均每小时的使用费为4.62欧元。体育俱乐部可以提供丰富多样的活动。目前，德国奥林匹克体育联盟下属60个专项协会，每个专项协会都负责管理本项目的体育俱乐部，从最大的德国足协（2006 年会员为 635 万人）到最小的冰壶协会（2006 年会员只有 734 人），几乎覆盖了所有的奥运会项目（33 个）和非奥运会项目（27 个）。

2. 大众体育管理体制

按体育管理体制的模式划分，德国体育管理体制属于体育社团主导型，其管理的特点就是以社会团体管理为主、以政府间接管理为辅的社会团体管理制度。换言之，联邦政府和州政府除通过政府拨款给予体育团体组织一定的财政补助以外，基本上不干预其管理事务，充分保证它的自治地位。但近几年来开始逐渐强化政府宏观调控的职能（主要针对大众体育活动的拨款）。

德国的大众体育活动可以分为 4 种方式：①参加体育俱乐部，利用俱乐部的场地器材进行锻炼；②在非营利性的机构中，如社区大学、培训机构、工会、教会、康复中心等提供的锻炼场所进行锻炼；③在商业性的体育场所中，如健身中心、舞蹈和健身操培训班、体育休闲公园等进行相应的健身活动；④自发组织的体育锻炼，这种方式往往在免费的场地上进行，如慢跑、北欧式行走（Nordic Walking）等。

三、日本、韩国大众体育组织机构

（一）日本大众体育组织机构

日本大众体育相关组织可以分为政府机构、体育协会、体育民间组织。日本《体育基本计划》中提出从大众体育到竞技体育等，都要求国家、地方，各体育组织、医疗机构、私人公司、大学等要相互协作，注重沟通交流，并明确各方的责任。

1. 政府行政管理机构

政府部门在大众体育建设中起决策者作用，日本大众体育的管理属于典型的政府主导型。体育决策机构实行中央—省—县三级管理模式，通过这种自上而下的管理机制推动日本大众体育的发展。其中，日本文部科学省是管理体育事业的最高政府机构，下设的体育与青少年局负责制定国家支持社区体育的相关法令政策。除中央外，47 个都、道、府、县均设观光文化局、环境文化局和少年儿童未来部等。1 742个地方市区村教委下设体育科，负责社区体育的宏观规划与发展。

在政府行政方面，主要是社会教育委员会根据国家的有关政策、法令通过提供必要的场地和设施、提供信息服务、开设初级水平训练班等形式，将地域内居民组织起来，促进地域性体育俱乐部的形成。另外，政府行政管理方面也负责组织居民参加初级水平训练班，并提供场地和设施及其他必要条件，体育协会（社会体育组织的主体）及其他社会体育组织负责指导及有关管理工作。初级水平训练班结束后，过渡为地域性体育俱乐部。

2. 社会团体

体育协会是日本业余体育运动界的统一组织，是独立法人机构，其组织目标是促成、培育地域性体育俱乐部。日本体育协会由都、道、府、县的体育协会，高中生体育协会，初中生体育协会，企业体育协会，大学生体育协会组成。它们的责任是与社会各界联系，筹措资金，吸纳社区体育所需人才。体育协会拥有自己的体育设施，经济上自负盈亏。

2010 年，日本各项目协会在籍注册会员人数已超 600 万，约占日本总人口的 1/200。2010 年对 72 个项目协会的调查结果显示，政府的扶持资金仅占这些体育社团收入的 11.6%，运营主要依靠自筹资金、举办赛事收入、会员及团体的注册费收入、广告收入等。日本体育协会的主要作用为推进俱乐部群众普及、派送指导者、制定俱乐部管理规范、管理俱乐部的管理者、协调俱乐部之间的关系、对俱乐部经营进行调查、建立研修中心。

3. 民间组织

日本学者认为，在大众体育发展过程中，应该借助民间力量推动大众体育市场化，而一些具有很强的国民教育和服务的共性特点的领域，则不适合市场化。大众体育作为一种福利、半福利和经营性混合在一起的体育形式需要官民同酬共建。日本早在 1998 年 3 月，就通过了 NFO 法，对从事社会志愿性活动的民间非营利团体给以法人的资格，并支持其活动，并对社区体育俱乐部以非营利法人身份进行运营活动提供法律保障，日本体育民间组织包括社会财团、企业、俱乐部等。在日本最具规模和特色的民间大众体育组织是社区综合型体育俱乐部、学校体育俱乐部、民间体育俱乐部。

（1）社区综合型体育俱乐部。

社区综合型体育俱乐部对日本体育人口的稳定和发展起着决定性的作用。社区综合型体育俱乐部具有公益性、自愿性、业余性、自主经营和政府扶持的特征。日本《体育基本计划》提出加大社区体育建设，把社区综合型体育俱乐部作为社区体育工作的中心，合并单一的俱乐部，发挥综合性。俱乐部在人员、设备、种类及时间方面的优势，实行居民“自主”管理体育的新模式，扩展日本大众体育的覆盖面。

文部科学省2010年的调查报告显示，日本已完成的综合型体育俱乐部数量为2 425个。2014年，日本各市、街、村每个区域至少建立1个综合型体育俱乐部，约48.9%的行政区域有综合型体育俱乐部，以期转变日本体育俱乐部内容单一及俱乐部规模不经济和不稳定的现状。社区综合型体育俱乐部是社区居民家庭成员参加社区体育健康活动和广泛人际交流的中心。

综合型体育俱乐部的主要特点：第一，备有多种多样的运动项目；第二，区域内的任何人都可以进行体育活动；第三，体育设施和活动场所对社区公众开放；第四，聘用体育指导员；第五，由投资主体自主组织运营。

（2）学校体育俱乐部。

日本学校体育俱乐部起到保证学生参与体育运动的作用。根据日本笹川体育财团（以下简称SSF）2006年对青少年体育俱乐部调查的数据来看，10～19岁年龄段的青少年有46%加入了学校体育俱乐部，其中男子有54%的人加入学校体育俱乐部、女子有38.2%的人加入学校体育俱乐部。

日本学校俱乐部有两种：一种是称为特别活动的必修俱乐部，要求学生均应参加，可从艺术、体育、科学中选择一个项目；另一种是自由俱乐部，属于课外体育组织，以学生为主体建立的，教师起帮助作用。日本文部科学省2006年公布的初中、高中的调查数据表明，学校俱乐部的初中学生所属率男子为76.4%、女子为55.0%，平均为66.0%；高中所属率男子为53.2%、女子26.6%，平均为40.1%。2001年在学校体育课以外完全不运动的学生占12.5%，2005年降低至11.7%。

（3）民间体育俱乐部。

民间体育俱乐部主要为营利性组织，多由企业经营组织进行运作，有专门的指导员进行体育指导。日本民间体育俱乐部会员人数连年上升，从2000年的3 739 493人，上涨到2004年的3 768 488人。日本民间体育俱乐部2000年盈利3 648亿日元，2004年盈利3 796亿日元。

（二）韩国大众体育组织机构

韩国体育由政府体育组织和社会体育组织共同管理。政府管理机构隶属于文化体育观光部的体育局，是管理全国体育事务的专门政府组织。韩国体育协会、韩国大众体育协会、韩国残疾人体育协会、韩国残疾人奥林匹克委员会、体育科学研究院和纪念首尔奥运会国民振兴公会等非政府体育组织，负责管理体育局委托的具体体育事务及其他专门体育事务。随着韩国国民生活水平和闲暇消费的增加，韩国体育呈现娱乐化和大众化趋势，韩国的体育事业逐渐从政府主导型向市场主导型转变。

1. 行政机构

韩国的中央最高行政部门是文化体育观光部，该部门与下属体育局主要从事国民体育振兴政策的制定、维护国民体育振兴基金运作、培育社会体育团体等。此外，还肩负为体育产业、国际体育和残疾人体育提供服务的责任。其工作目标是推广、普及体育，提高韩国国民的健康和体能，引导群众进行有效的体育和休闲娱乐，构建爱国主义与国家认同感。

除中央行政机构外，韩国道、市、郡、区地方行政区委员会下设文化体育科、文化观光科、文化宣传科、青少年体育科、自治行政科、居民生活科等，分管地方大众体育事务，管理和指导市民体育，并由大众体育组、体育设施组、居民自治组等多种形式管理运作。学校体育由特别市、广域自治体、道教育厅下属的终生教育体育科负责，旨在指导学校体育开展以及管理学校伙食和体育学校运营等。各地方自治体和体育组织紧密合作，力求充分发挥学校体育、大众体育和竞技体育的功能。韩国体育行政部门通过联合众多体育协会开展 50 多种体育项目，建立了 16 个地方分支机构，发展了 8 万多个体育俱乐部。

2. 社会团体

（1）韩国体育协会。

韩国体育协会是大众体育的具体管理者和实施者。根据韩国《国民体育振兴法》第 32 条，各单项体育协会作为法人组织，接受韩国体育协会的领导。韩国体育协会根据区域级别下设道、郡、邑、区大众体育协会。韩国体育协会规程还明确规定，道、市、郡的体育协会必须设大众体育普及和指导班。韩国大众体育通过体育协会俱乐部和学校有机结合，利用各自所拥有的场馆设施、体育教师、社会体育指导员，形成一个资源优势互补的整体，有机地连接学校体育和地区体育，迎合所有国民能参与生活体育的需求。

（2）韩国国民体育振兴公会。

韩国国民体育振兴公会属于国家事业单位，公会为国家体育提供资金保证，努力实现韩国国民无论何时何地都可以轻松使用生活体育设施、体育中心体育设施、学校基本体育设施、休闲体育设施，为低收入阶层提供体育福利支援，培养各种生活体育团、爱好者及体育俱乐部等，提高体育参与率。

3. 体育俱乐部

韩国第四次《国民体育振兴计划（2008—2012）》提出，为了使社会体育需求进行制度化，提出广泛推行体育俱乐部模式，以实现体育系统的先进化，推进社会体育振兴政策。1998—2011 年，韩国体育俱乐部数量从 3.5 万个增长到 7 万多个。根据 2011 韩国体育白皮书统计，韩国小规模俱乐部正在逐渐整合，2011 年韩国俱乐部的个数较 2010 年相比有所减少，由原来的 97 815 个减少为 74 784 个，减少了 23 031 个（23.55%），但俱乐部的规模和质量有所提升。

（1）单一型体育俱乐部。

单一型体育俱乐部主要从事单项体育运动，是最简单的俱乐部形式。韩国政府鼓励民间发展单一型体育俱乐部，各地区生活体育会定期统一收集当地体育俱乐部情况，并提交中央协议会审议。2011 年韩国俱乐部会员人数占总人口的 6.3%。多数韩国体育俱乐部成员需要缴纳会费，但国民参与体育俱乐部的热情并不因此减少。为了增加社区体育运动的比例，韩国政府加大对体育俱乐部的建设，规范体育俱乐部的各种行为，使体育俱乐部在实践中不断发展和完善，并提出了 BT（Build Transfer Lease）新型融资模式。

（2）学校体育俱乐部。

为了增加韩国学生的体育活动时间、扩展学校体育项目、弥补休闲体育设施不足、缓解学习压力，韩国积极发展学校体育俱乐部体育馆活动，用于补充学校体育的不足。学生可根据自己的兴趣、爱好和身体条件选择运动项目，每周活动时间约为 2 小时。

第三节　国外大众体育经费来源

体育经费是体育发展的物质基础和前提条件。大众体育要发展就必须要有充足的体育经费。从发达国家对大众体育的经费支持来看，主要来自 3 个方面，即政府财政支持、体育彩票和社团自筹。政府财政支持在大众体育经费中起到重要的引导作用，由于政府财政开支能力有限，因此，政府财政支持对大众体育事业开支来讲不是绝对主导，市场化、多渠道运作才是大众体育经费的主要来源。

一、美国、加拿大大众体育经费来源

（一）美国大众体育经费来源

美国大众体育的建设资金来源具有多元化的特点，场地设施建设资金主要来源于政府的财政补贴，而且地方政府的投入远远比联邦政府的多。美国大众体育用地是政府通过立法来保证的，同时大力提倡私人及各种社会团体共同兴建大众体育设施。美国政府对大众体育的投入一般占国内生产总值的 1% 左右，在整个大众体育经费中大约占 30%，其余经费主要来自社会团体自筹及商业化运作等方面。

1. 政府投资

政府对大众体育的投资方式包括直接的财政补助和间接的投入。据调查，1996—2006 年，美国的纳税人为了建造新的场馆设施的公共投资达到了 140 亿美元。1976 年成立总统奥林匹克运动委员会后，国库一次性拨款 2.15 亿美元，然后每年拨款 8 300 万美元给负责业余体育的中央组织，随着社区体育管理机制的发展成熟，在融资过程中，政府投资的比重越来越小，更加注重市场和金融的发展。政府参与大众体育设施建设融资的方式主要是各种市政公债，几乎所有大规模体育场馆的投资资金都是通过市政公债融通得到的。市政发行的债券，包括一般义务公债、收益公债、参与凭证和租税增额融资等，风险投资、BOT 融资、公私联合融资（PPP）也是政府经常采用的方式。

除了采用各种财政补助，政府还通过免税、转让土地、低价出租土地等政策手段为体育场馆的建设提供财政帮助。政府为保障大众体育商业化经营取得成功，实行“垄断豁免”“税收优惠”以及制定并有效地实施职业体育版权保护。

2. 体育彩票

美国把发行体育彩票作为扶持体育事业的有力支柱。美国彩票的最高权力机构是州彩票委员会。1998 年，在 400 亿美元的彩票销售额中，州政府获得 125 亿美元，占彩票销售总额的 31%，彩票的盈利主要投向教育事业、环保事业、公园和娱乐场所等的建设。加州彩票法规定52.7%的彩票收入作为奖金发放，返回大众（大奖获得者需缴纳近50%的联邦个人所得税）。发行管理费不得超过16%的最高比例，其中6.9%用于承销商的销售回扣和奖金、3.4%为运行费、2.9%为成本费。在美国，至少34.1%的彩票收入要投入公共事业。

3. 其他财源

在美国，大众体育的社会筹资远大于政府对体育的投入，占体育经费的70%以上。俱乐部等组织的经费主要来源于商业化的经营、公众捐助赞助和特许使用费等，而政府主要是通过法律规定减免税收的方式对俱乐部进行支持。筹集资金的渠道也是多元化的，主要有服务性收费，这是获得资金的主要来源。服务性收费包括会费、会员使用俱乐部设施的费用、通过举办比赛活动的创收。此外，企业的赞助、通过特别活动的社会捐赠也能给俱乐部注入资金。其中，会员的会费是俱乐部主要而且稳定的收入来源。

在美国，俱乐部收入的15%～25%来自与体育场馆相关的收入。体育场馆会影响门票收入和电视转播收入，体育场馆收入已经成为俱乐部主要的收入来源。俱乐部通过开发冠名权、排外性的特权受让人、餐馆经营权、各种赞助组合、寿险组合、租赁协议、豪华套间、优先的座位安排、永久座位许可、停车费、商品收入、餐饮业服务经营权、广告权、销售合同、私人基金等方式的操作筹集所需经费，为项目进行融资。私人资本在美国体育场馆投资中呈上升趋势。1990年以来，政府资本对体育基础建设的投资约为104亿美元，而私人资本投资约为7亿美元。

在美国社区体育中心，民间组织可以进行酒吧、桑拿、阿吧、博彩、娱乐等经营活动，也可以采用商业赞助和广告开发的方式增加中心的收入，还可以通过融资活动（如若干健身中心组成集团上市）、志愿者劳动、捐赠场馆出租等渠道获得可观的收入。社区体育中心的冠名权、商业赞助和广告开发既是社区体育中心最重要的无形资产，也是重要的创收渠道。

（二）加拿大大众体育经费来源

实行联邦制的加拿大，其大众体育经费主要来源为国家财政拨款，包括中央财政拨款和地方政府财政拨款2种。其中，体育彩票（包含博彩）收入也是重要的经济来源。

1. 政府投资

加拿大联邦政府为大众体育的发展提供资金支持，鼓励加拿大人健身，促进加拿大大众体育的参与度。加拿大政府对大众体育场地设施提供财政支持，投资建设体育运动实验室，保障大众体育活动的开展。针对残疾人参与体育的状况，加拿大政府承诺每年将提供 1 250 万美元资金，用来提高加拿大残疾人的体育参与状况，其中用于让残疾人能接近体育的资金额为 1 100 万美元，剩下的 150 万美元用来提高残疾人的体育参与率。

2. 其他财源

除了政府投资外，加拿大大众体育休闲活动的经费主要来源于城市税收，其他来源于登记注册费、租金、捐赠和特许经营收入等。

二、英国、德国大众体育经费来源

（一）英国大众体育经费来源

英国大众体育经费来源主要有 2 个途径：一是国家财政拨款补贴，英国政府每年对体育的投入，一般占国内生产总值的 0.2% ~0.6%，国家财政补贴也包括从彩票和博彩运营商处得到的收入和征收的费用；二是社会团体自筹，且社区体育经费主要由社会团体经营获得，主要包括团体会员缴纳的会费、注册收入（体育指导员的注册）、个人和企业赞助的体育基金会等。

1. 政府财政拨款

社区体育经费中，中央政府拨款较少，主要依靠地方政府的投入。2007 年，英国全国投入社区体育金额为 26.19 亿英镑，其中中央政府为 1.32 亿英镑，地方政府为 24.87 亿英镑。从总体上来看，英国政府对社区体育的投入有逐年增多的趋势。英国社区体育组织经费来源渠道广泛，但政府投资仍然占主导作用。2009 年，体育局用于支持社区体育发展的资金为 3 亿多英镑，其中有 1.35 亿英镑来自政府投资、1.5 亿英镑来自国家彩票的销售收入、0.5 亿英镑来自民间募集和家庭消费。各级地方政府对体育公共事业的支出则更大，每年约有 20 亿英镑，并以约 4% 的速度增长，主要都来自地方税收。这些费用通过定向调拨和公开竞标申请的方式被分配到所需要的社区和体育组织中。

2. 社会团体自筹

由于英国社区俱乐部相对自治，自负盈亏，因此，俱乐部必须要妥善经营才能生存。英国的社区俱乐部是半公益性质的，绝大多数的社区体育设施都是以微利或无利的模式运营。

英国社区体育俱乐部的平均收入自2009年以来3年递增，2009年、2010年、2011年分别为35 736英镑、38 146英镑、42 845英镑。虽然收入逐年递增，但花费也在增多，有90%的社区俱乐部实际上是非盈利的，他们需要通过各种手段来创收。宏观上来看，即增加收入或减少支出，其中排在前5位的俱乐部选择增加收入，其筹资手段为（40%以上俱乐部）寻找更多的合作渠道、申请更多的补贴、招募更多会员、举办更多的商业活动、增加会费等。

（二）德国大众体育经费来源

德国大众体育组织经费来源主要有2个途径：一是国家财政拨款补贴。德国政府每年对体育的投入一般占国内生产总值的1%以上，国家财政补贴也包括体育彩票或体育博彩提成。二是社会团体自筹，主要指俱乐部的收入，收入来源包括社会捐款、资助、基金会资助、团体和个人会费、私人或公司赞助、场地出租及门票收入等。

1. 政府财政拨款

在德国，国家对大众体育投资比例并不大，地方政府投资占较大的比例，私人投资也占到一定比例。一般德国国家投资占到公共投资总额（国家与地方投资）的约10%，而地方投资占到90%以上。如1990年，德国的体育经费占国内生产总值的1.4%，其中来自地方政府的拨款占98%、中央政府的拨款占2%。彩票收入作为政府财政拨款的一部分，也是大众体育经费来源的一个重要渠道。1970—2005年，德国体育联合会累计从彩票中获利7.5亿欧元，这些资金大部分用在了大众体育上。

2. 社会团体自筹

在德国，会费是社区俱乐部的主要收入，俱乐部的会员必须缴纳会费。一般体育俱乐部经费中的20%是政府资助、80%是自筹。德国社区体育俱乐部的会费收费形式主要包括：一是年会费，二是月会费，三是听课费，四是设施使用费，其余部分主要依靠政府的财政支持和企业的捐助。大众体育获得的赞助金额一般比竞技体育要多，德国储蓄和转账银行协会约90%的体育赞助经费流向大众体育，德国4/5的体育俱乐部得到了其下属银行网点的赞助。

随着市场化步伐加快和人们消费水平提高，大众体育经费来源中，家庭体育消费所占比重不断增大，现已成为俱乐部经费来源最重要的渠道。据 1990 年德国中央统计局统计资料显示，1990 年德国家庭体育消费平均每人消费 18. 78 美元。居民个人用于体育运动的经费，62% 用于获得体育健身服务，38% 用于购买体育用品。

三、日本、韩国大众体育经费来源

（一）日本大众体育经费来源

日本大众体育采取国家财政补贴，但是最高不超过 30%，其余 70% 的补足经费采取社会募集及市场运作方式，补足经费包括日本体育振兴基金会提供的费用，下级加盟团体上缴的会费及注册收入，体育振兴彩票，集资广告收入，企业界赞助费及本身的会费、门票、设施使用费等收入，杂项收入。日本大众体育形成了政府、协会、民间组织和个人的三元经济模式，有力地保障了大众体育建设的快速发展。

1. 政府投资

日本大众体育以政府出资主导，财政投入主要有中央和地方两个方面。根据 SSF 2000 年统计，国家各部门在大众体育相关方面投入预算总额高达 3 950 亿日元，其中建设省 1 596 亿日元、文部科学省 717 亿日元、社会保险厅 689 亿日元。全国 47 个都、道、府、县教育委员会体育的预算是 787 亿日元，平均县级以上辖区 16. 7 亿日元；2 140 个市、区、町、村大众预算总额 3 163 亿日元，平均每个町村拥有约 1. 4 亿日元的预算。

2014—2015 年，日本文部科学省大众体育预算总计达 255 亿日元，占当年全部文部科学省预算的 0. 5%。

日本大众体育的财政支出主要在设施建设和组织培育 2 个方面。

（1）设施建设投入。

日本 2002 年最新修改的《社会体育场馆设施建设补助要领》，对体育场馆设施建设补助的对象、事项、要求、补助标准等规定更加明确。补贴金额的计算方法：补贴面积 × 单位造价 × 补贴率 = 补贴金额，1 000 日元以下不给予补贴。根据 2005 年文部科学省的调查，日本 47 个都、道、府、县的体育设施建设、维修、经营管理大约占总投入的 49%。

（2）组织培育投入。

根据日本 SSF 2006 年统计，日本用于大众体育的预算为 2 691 亿日元，比 2000

年的 3 950 亿日元减少了 31.9%。政府预算投入培育体育组织最多，约为 200 亿日元，占预算总额的 38.3%。文部科学省每年用于修整完善俱乐部的支援金额平均约为 650 万日元，加上地方自治团体 650 万日元，总额约为 1 300 万日元。

2. 振兴体育彩票

日本振兴体育彩票的收入是其体育发展资金的重要来源，振兴体育彩票制度规定奖金返还率为 50%，除掉发行费用，余下的为公益金。其中，公益金的 2/3 为资助体育事业的资金，公益金的 1/3 上缴国库。上缴国库的公益金作为振兴教育与文化、自然保护、青少年健康和国际体育交流等事业的资助费用。

2002—2010 年，约 268 亿日元的公益金资助了日本各项体育事业。其中，排在前 3 位的分别是社区体育设施建设、体育团体的体育活动和综合性体育俱乐部的建设，分别为 72.04 亿日元、64.65 亿日元和 61.82 亿日元。2002—2012 年，日本振兴体育彩票共资助体育事业 1.2 万件，总额达到 571 亿日元，主要用于青少年健康、体育国际交流等项目。

3. 民间财源

除了政府投资和振兴体育彩票的补给，为了缓解国家财政压力，日本引进民间融资（Private Finance Initiative，PFI）。公共部门充分利用民间的资金和经营管理技术能力以提高公共事业的运作效率。

（1）场馆建设运营经费。

日本体育设施的建设运用 PFI 模式，分离建造权、所有权和经营权。民间通过取得政府的特许权进行项目的融资、设计、建造、经营和维护，或者在特许权期限内回收项目的投资、经营和维护成本，并获得合理的回报。合同期限最短的为 10 年，最长的为 22 年。

（2）体育公共托管收益。

2003 年日本的《地方自治法部分修改法》为日本体育设施经营管理导入了管理者制度，政府只在原则上规定需要达到的指标，体育设施经营民间化，满足了居民多样化的体育参与需求，开拓了体育服务生产和输送外包的新篇章。2005 年，由管理者运营的体育场馆设施在都、道、府、县中占 4%，在市中占 7%；2008 年管理者的引进率已经达到 37.9%，在可供指定管理者的 53 732 个体育场馆设施中已经有 2 037个引进了指定管理者。企业法人、公益法人、NPO 法人等都可以成为体育公共设施的管理代理人，协议期限一般为 3 ~5 年。

（3）民间组织收益。

日本共有 11 个体育团体赞助财团，其中赞助全国规模和地方规模体育事业的财团有 9 个，以教育、文化、艺术为主要赞助对象但也包括体育的赞助财团有 2 个，总赞助金额为 4.8 亿日元。日本体育俱乐部等民间组织的经费主要来源于会员的会费、会员的赞助会费、捐赠者的捐款、资助财团的资助金、企业的补助金等。

（二）韩国大众体育经费来源

韩国体育振兴财源是国家体育发展的重要保证，振兴财源由中央政府预算、地方政府预算、国民体育振兴基金（国民体育振兴彩票、基金会收益）、社会团体及民间体育团体自筹构成。财源组成为中央财政占 4.3%、地方财政占 71.4%、体育振兴基金占 18.3%、民间组织占 5.9%。

1. 政府投资

自 2010 年起，韩国政府的体育财政预算支出向大众体育倾斜，所占比例超过竞技体育，体育财政主要由国库预算、地方财政额组成。2011 年文化体育观光部体育局的统计显示，中央政府在大众体育（生活体育、残疾人体育）上的预算为 995.5 亿韩元，超过竞技体育（431.3 亿韩元），大众体育财政占中央体育总财政的 61.94%。2011 年韩国 16 个道、市的体育预算显示，大众体育预算为 56.95 亿韩元，占地方体育预算的 21.2%。

韩国大众体育财政主要用于当地居民体育活动的生活体育设施的安装、生活体育教室建设等方面。1995 年在体育方面的实际支出为 7 990 亿韩元，用于场馆建设和大众体育为 499 亿韩元。根据《补助金预算和管理法》，国库补助率规定必须按照 30% ~50% 的比率来确保地方开支。因此，国库补助事业中预算的增加和地方资金的增加是紧密相连的。

2. 体育彩票

2004 年韩国政府制定并实行了《彩票及彩票基金法》，将已有的彩票合并发行。彩票公益金主要纳入国民体育振兴基金，用于扩建大众体育设施及设备，普及大众体育项目，培养大众体育教练，资助残疾人及弱势群体参与体育活动。韩国主要的体育彩票有赛车彩票、赛艇彩票和体育振兴彩票，分别占 GDP 的 0.237%、0.0767%、0.18%，其中体育振兴彩票中足球彩票销售额最多，占销售总额的 38.2%。

（1）体育振兴彩票。

《国民体育振兴法》规定体育振兴彩票由政府发行，振兴彩票的返奖比例不得低于销售总额的 50%，发行经费不得高于 25%，其余为公益金。公益金的 80% 缴纳于国民体育振兴基金，10% 用于支援体育彩票对象比赛的举办团体，其余 10% 用于文化体育观光部规定的文化体育有关事业。公益金的执行由各个基金管理主体负责管理。2008 年韩国体育振兴彩票业总额为 10.79 亿美元，占韩国体育情报业总额的 64.9%。韩国最近 5 年（截至 2018 年）通过发行体育彩票筹集的公益金合计为 18 703 亿韩元，其中 85.7% 是通过发行体育振兴彩票获得的。

（2）赛车及赛艇彩票。

韩国《赛车及赛艇法规》规定了赛车、赛艇彩票的返奖比例，赛车和赛艇彩票奖金返还率为 72% 左右，发行经费不得高于 10%，各种税款为 16%，其余 2% 为公益金。政府发行彩票所取得公益金的 60% 用于促进地方体育发展、10% 缴纳于国民体育振兴基金、10% 缴纳于青少年培养基金、17.5% 缴纳于中小企业振兴基金、其余 2.5% 用于文化体育观光部长官指定的公益事业。当彩票发行人是国民体育振兴公会时，公益金的 40% 缴纳用于国民体育振兴基金、30% 缴纳用于青少年培养基金、17.5% 缴纳用于中小企业振兴基金、10% 缴纳用于促进地方体育发展、其余 2.5% 缴纳用于文化体育观光部长官指定的公益事业。

3. 民间财源

除政府财政、体育彩票外，韩国体育事业的民间财源包括民间捐赠、体育设施门票费用、俱乐部会员费用、国民体育振兴基金收益（非彩票收入）、体育相关产业收益、体育振兴股票、体育设施租赁收益等。到 21 世纪初，韩国体育市场结构已经非常完善，拥有各类体育经济团体与企业，成为全社会一个新的投资热点和体育经费来源。

（1）国民体育振兴基金。

韩国国民体育振兴公会属于国家事业单位，其管辖的韩国国民体育振兴基金主要用于投资大众体育、竞技体育、体育产业和企业，基金通过经营体育设施、投资体育企业、接受捐款等方式使资金保值、增值。该基金以 310 亿韩元为基础成立，从 1359 年到 2011 年，共实现增值 6.680 4 兆亿韩元，其中基金援助体育事业

3.788 7兆亿韩元，2011 年末基金累计额为 1.738 3 兆亿韩元。截至 2011 年，国民体育振兴基金对竞技体育投入 1.867 9 兆亿韩元、对生活体育投入 1.606 2 兆亿韩元、对学校体育投入 2 101 亿韩元。

（2）体育设施民间运营收益。

为提高体育设施的使用效率，韩国政府吸纳民间组织管理体育公共设施，1999 年韩国 919 处体育公共设施中 270 处（29%）由民间组织管理，增强了管理的效率和体育设施的市场竞争力，这些民间组织的收益有一部分通过税收的形式纳入国家体育财政。韩国政府为了帮助民间组织建设体育设施，政府将免费提供关于全国体育设施使用人数、需求预测及设施现况等信息，并且允许民间组织在公共机构内运用体育设施。

第四节　国外大众体育基础设施

大众体育活动开展离不开大众体育场所和体育设施，大众体育基础设施建设不同于竞技体育设施建设。从发达国家大众体育基础设施建设的基本内容看，主要集中在社区体育中心的体育设施建设和户外休闲体育基础设施建设上。社区体育中心在社区体育配套设施中占据最为重要的地位，社区体育中心是社区体育设施的基本内涵，是开展大众体育活动的基本载体。建设社区体育中心的目的在于满足社区居民不同层次的体育需求，而不是以竞技体育为目的。另外，许多国家对户外场地设施制定了相关标准，以满足大众户外休闲体育需要。

一、美国、加拿大大众体育基础设施

（一）美国大众体育基础设施

美国是世界上社区体育设施最完备的国家之一，包括社区体育活动中心、社区公园系统、学校体育场地设施、私营健身俱乐部等。重点指出社区活动中心是多用途的，可提供许多体育活动。美国联邦政府和地方政府注重应对大众体育的需要，主要负责大型体育场馆的投资建设。社区大众体育设施主要依靠地方体育协会或中心组织管理。生活圈社区体育设施的规划建设配置设有最低标准，强调功能的多样性和受益的大众化，融娱乐、休闲、健身于一体。全美人均拥有体育场所面积为 30

平方米，平均每万人拥有200多个体育场地。

1. 社区体育中心

美国将社区体育配套设施的建设作为主要实施目标，社区体育中心在社区体育配套设施中占据最为重要的地位，其中体育场馆的数量最多。美国对社区体育配套设施设有具体标准，从配套设施和服务内容来看，具有项目本土化、规模层次性、内涵亲民性的特点。社区体育中心也可称作为休闲体育公园，大致分为5个层次：小型公园、街区公园、社区公园、管区公园和地区公园，配置中更加注重了自然景观与体育设施的相互融合。

美国的社区中，一般都建有休闲公园，而且通常是休闲体育场、儿童游戏场与公园的结合体。社区体育中心的体育设施，具有多种功能，人们可同时进行各种体育活动。此外，社区中还建有一些设施简便、造价低廉的草地保龄球场、高尔夫球场、游泳池等。这些公共场地设施一般都免费或低价向社区居民全面开放。

社区体育中心室内设施包括多用途的体育馆、健身房、游泳池等，可以开展乒乓球、羽毛球、游泳、舞蹈及电子游戏、健身、健美与锻炼活动等体育活动。户外体育设施包括高尔夫球场、网球场、游泳池、钓鱼池、野营地等，在这些地方可以开展骑马、滑翔、飞机模型等体育活动。社区体育中心还配有更衣室、大厅、游戏室、俱乐部会议室、快餐店、阅览室等附属设施。

2. 学校体育设施

学校体育设施构成了美国大众体育设施的重要部分。美国多数学校都有完善的体育设施。根据20世纪80年代的调查，美国的小学拥有1万座体育馆、近3 000个综合体育设施。在2万所中学中，拥有体育馆2万个、田径综合设施1.7万个、游泳池40个。美国大学体育联盟所属的730所高等院校中，拥有室内篮球场2 471个、体育馆790个、橄榄球场744个、田径综合设施682个、游泳池603个、摔跤馆422个、冰球场146个、山地滑雪基地44个。许多学校的田径馆、棒球馆和游泳池规模宏大，配有合成塑胶跑道、人工草皮、电动计时器、电影录像设备、浴室和更衣室等，并有容纳数千甚至上万名观众的座位。美国各学校的体育设施不仅完全能满足体育课和课外锻炼之用，许多还向社会开放，为开展社区体育提供了丰富的资源。

美国学校体育设施分为室内和室外设施。室内设施主要是小型的综合场馆，主要适用于排球、篮球、乒乓球、羽毛球、舞蹈和节奏项目、体操项目、水上项目等体育运动。室外设施主要有田径场地，棒、垒球场地，高尔夫球场地，以及良好且适用于开展野外项目的设施等。

3. 户外体育设施

美国联邦政府、州政府和地方政府分别拥有 2.6 亿英亩、4 200 万英亩和 1 000 万英亩的土地可用于休闲体育活动。这些土地包括森林、湖泊、河流、海滩、山峰、沙漠、草原及其他地带。在所有土地中，有一半是森林、9% 是自然保护区、10% 是钓鱼与游戏区、6% 是公园及其他指定的休闲区。

4. 民间体育设施

在美国，很多体育设施归个人或社会团体所有。因此，美国的私人体育设施对美国大众体育具有重大意义，私人或社会团体对体育设施的管理一般有 3 种方式：一是商业、企业以营利为目的对休闲地带进行开发，如野营与野餐地、疗养地、旅游牧场、商业海滨、高尔夫球场、冲浪地带射击场、赛马场、装备与远足服务以及主题公园；二是非商业性使用，这些体育设施主要服务于俱乐部会员，在向其他人开放时收取一定费用，但这种收费是非营利性的；三是企业无偿或低价向雇员及社会开放的设施。

（二）加拿大大众体育基础设施

加拿大政府高度重视大众体育设施的建设与完善，将其纳入福利与保障制度的范畴，并在政策与建设的投入方面提供支持。

1. 社区体育中心

政府明确地将配套体育文化活动中心纳入建设规划。社区内配套的文化、体育休闲中心及社区范围内的学校体育活动设施等，以俱乐部的形式向市民开放。

加拿大在城市设计中将 4 000 米的范围作为一个社区的基本单位，换句话说，每 4 000 米的范围内就会有一个社区中心。在加拿大的每个社区，都有一个宽阔平整的草坪。草坪两边竖有足球网和棒球网，草坪中间有单杠、双杆。每个社区均有专供孩子健身的场地，如露天游泳池、田径公园等。多数社区建有室内体育馆，馆内设有游泳池、健身器材、桌球、乒乓球桌等。社区体育中心配备的体育设施包括体育健身中心、少年托管中心、老年人健康护理中心等。整个社区中心雇有 80 名全日制管理人员、40 名兼职人员、40 名临时工。老年人健康护理中心有 8 名全日制工作人员和10名兼职人员。

2. 学校体育设施

结合对加拿大高校竞技体育、社区体育和体育教育的感性认识和直观了解，以下介绍加拿大3所高校的体育设施情况。英属哥伦比亚大学有3个标准冰球馆和高标准室外运动场，面向社会开放。这些场馆通过国家、社会、个人和学校共同出资建设。渥太华大学拥有3个高标准体育馆，向学生免费开放；在一定时间里向社区居民提供部分场馆，需缴纳部分费用，对于资助单位和个人实行免费开放政策。佐治亚大学有2个大型标准室外运动场，1996年承接过奥运会，体育场馆费用主要由安省政府和学生会员 、社区会员缴费支持。

3. 户外体育设施

加拿大政府重视户外体育设施的发展，并陆续出台政策、法规以保证户外体育设施的建设与更新。加拿大政府对市区户外体育设施制定了相关标准，并在多数社区推荐多级层次的标准。

二、英国、德国大众体育基础设施

(一) 英国大众体育基础设施

英国在第二次世界大战后一直重视社区体育的发展，在最初阶段主要是加大社区体育设施建设。英国的社区体育设施可以从2个方面来看，一是社区体育中心，其设施都是由政府购买，各地方政府负责维修和保存；二是商业体育俱乐部，俱乐部内的设施既可以自己购买，也可以向社区体育中心租赁。

1. 社区体育基础设施标准

依据设施的所有权性质，英国社区体育设施可分为社区体育中心设施、商业体育俱乐部设施、学校体育设施及各类营利性和非营利性的民间体育设施。20世纪80年代，英国体育理事会制定出了社区体育中心的基本标准（SASH），要求每25 000人的社区就需要建设一个社区体育中心。社区体育中心必须能够开展17个体育项目。此标准被一直沿用至今。

（1）社区体育中心。

由于英国社区体育主要以社区体育中心的方式呈现给大众，因此，了解社区体育设施情况需要考察其场馆内基础设施情况。社区体育厅内部大小的设计一般以羽毛球场作为参照标准来进行，一般内部场地的规模分为4个、6个、8个、9个、12个羽毛球场大小。一个高质量的社区体育厅必须既能给人们提供一个尽情放松的环境，又能够满足人们不同层次的健身需求。它的吸引力必须超过商场、餐馆、电影院及其他休闲设施。

（2）社区俱乐部。

英国社区体育俱乐部的基本标准有2个：一是俱乐部是为社区的公共利益而存在；二是俱乐部具有教育的性质。值得注意的是，不以营利为目的并不是指不挣钱，而是在法律规定的范围内合法经营，是挣钱的。

为社区体育俱乐部的建立，英国专门出版了一本社区体育俱乐部建立方法的手册——《让我们组织起来——建立和运行一个体育休闲俱乐部》。它提出建立社区体育俱乐部的基本内容：一是确定俱乐部的目的。目的要和社区体育健康的需要相一致。二是俱乐部的类型。涉及的主要问题是会员制如何实施。三是有关发起人员会议。俱乐部建立前开展的工作，人员应从社区相关人士（如社区的有名人士，体育爱好者，有法律、设施管理、财务等专长的人）中挑选。四是开设项目及会员的募集。对社区居民的体育运动爱好者和体育运动项目设立进行论证，确定会员的募集方法并进行募集工作。五是设施的使用情况，是自建自有设施还是借用设施；在设施使用中的项目分配和时间段的划分。六是确定领导者。

2. 社区体育基础设施管理

（1）政府直接管理。

政府直接管理一直占社区体育设施管理的较大比例，但比例正在逐年减少。2002—2005年地方政府直接管理体育公共设施的比例，从73%下降至62%，到了2006年，只有47%是由地方政府直接管理。一开始社区体育基础设施都是由国家提供并直接进行管理，后来政府财政不堪重负，逐渐引入委托私人管理和基金管理两种方式。

（2）委托私人管理。

委托私人管理是指政府与合作伙伴达成协议，按一定的价格将社区体育设施委托给第三方进行管理。政府的合作伙伴包括私人企业、非营利组织、地方小区等。委托私人管理就是将产品和服务管理市场化的过程，使市场的角色最大化、政府的角色最小化。公共选择学派认为只有这样，社区体育设施管理才能获得“最佳结果”。

(3) 基金管理。

运用基金来管理体育公共设施的主要优势在于其管理目标较为直接和明确，无论是新成立的基金还是已有的基金都会专注于体育和娱乐服务。另一个最主要的优势在于基金管理可以获得国家商业税和增值税的减免。

(二) 德国大众体育基础设施

德国没有像英国社区体育中心那样专门开展社区运动的场所，所以将德国的设施按俱乐部与非俱乐部划分进行讨论。

1. 非俱乐部基础设施

德国通过3个黄金计划，其基础设施已日渐完善。截至2002年，德国拥有体育场馆共计126 962个，其中约47.4%是露天设施、27.9%是体育馆。在德国各州中，萨克森州和巴伐利亚州拥有的体育场馆最多，这2个州拥有4 300余个体育场馆。

2. 俱乐部基础设施

俱乐部是德国开展大众体育最基本的方式。目前，全德国共有9万多个俱乐部，有8 100个体育俱乐部拥有自己的体育馆，10 200个俱乐部有自己的足球和曲棍球场地，10 100个俱乐部拥有自己的网球场。超过31 000个俱乐部有自己的会所。截至2008年，68%的德国体育俱乐部（约61 000个）可以使用乡镇的体育设施，其中约28%的俱乐部可以免费使用，不需要回报，其他俱乐部则需要缴纳使用费。

三、日本、韩国大众体育基础设施

(一) 日本大众体育基础设施

在日本，2005年全国体育设施的总数达到了24万个（包含运动场、体育馆、游泳池、网球场、室外排球场等），平均每10万人拥有188个。日本社会体育场地设施主要由中小学体育设施、高等院校体育设施、体育公共设施、民间及企业体育设施组成。

2008年文部科学省调查显示，日本全国体育设施中，学校体育设施占比最大，数量为136 276个，占61.2%（小学、中学、高等院校）。日本体育设施的建设有基层社区、市区町村、都道府县3个级别的标准。

1. 体育中心

日本体育中心是大众参与运动的主要公共场所，是日本实现体育公共服务均等化的基本载体，向国民提供体育培训、指导、健康咨询、医疗咨询。

1972 年，日本文部科学省颁布的《关于普及振兴体育运动的基本计划》中指出，要按照日本人口规模来制定社区体育配套设施的标准和规范，以完善社区体育设施和社区体育运动环境。此后，为进一步规范日本社区体育配套设施的标准和规范，1989 年 11 月日本文部科学省颁布了《关于面向 21 世纪的体育振兴计划》，全新的社区体育配套设施标准体现出层次性，分成了基层社区、市区町村、都道府县 3 个层次，并对不同层次的社区体育设施提出了设施机能、主要种类、主要设施种类标准以及主要附属设备等不同要求，强调建设多种体育项目的运动场和多功能球场。2001 年，日本文部科学省颁布了《日本大众体育白皮书》，该白皮书将日本体育设施标准做了进一步调整。

2. 学校体育设施

为了解决体育活动场地不足的问题，1976 年文部科学省为普通国民实施学校体育设施开放政策。2001 年日本开放体育设施的公立学校的比例为 98.8%。在开放的场所中，学校体育馆为 86.6%，游泳馆为 25.5%，网球场为 18.2%。全国 89.7% 的校园体育设施制定了设施开放条例或规则，积极向日本国民开放。

日本的学校体育设施实际可分为 2 类：一类是仅满足学校内部需求，另一类同时兼顾学校和社会。第二类设施安装有晚间灯光照明、专门的更衣室淋浴室、盥洗室等。10～19 岁日本青少年对“学校操场”利用率最高，为 51.3%，其次为“学校体育馆”。学校体育设施是青少年体育运动的核心场所。目前，日本学校体育设施从单纯提供场地的“开放型”向学校和社区的“共同使用型”转化，积极提升双方共同利用的价值。

3. 户外体育设施

日本国土交通省的规划建设目标是确保每人有 20 平方米的公园面积。到 2004 年末，平均每人的公园面积达 8.7 平方米，在 SSF 的《体育生活数据》（2004）中显示，成人对“道路”的利用率最高，为 56.1%；其次为“公园”和“家”，均为 24.2%，表明日本成人不利用体育器材运动的频率较高。户外运动场所是成人运动休闲的主要去处。日本林业厅在国有森林地带设有野外活动、自行车运动、滑雪、网球、高尔夫球及郊游的地域和设施。日本运输省目前正在进行运动休闲观光地带的建设，各都、道、府、县建设费用的1/3由运输省拨款。日本的公园是大众体育场地设施的又一个支柱，在建造时充分考虑了大众体育的需要。

4. 民间体育设施

根据2005年健康促进经营编辑部门调查的结果显示，民间体育设施数量较小，以接近2%的速度平稳增长，2000年为1 178个，到2004年增长为1 951个。

（二）韩国大众体育基础设施

韩国体育设施主要包括公共、学校与私营体育设施，体育公共场地与学校体育场地一般由地方政府部门管理，免费向居民开放或收取少量费用。绝大多数俱乐部在开展体育活动时都使用公共和学校体育场地。

2007年，在韩国国民人均体育设施面积中，体育公共设施人均为1.08平方米、注册体育设施人均为4.07平方米。截至2008年末，向韩国文化体育观光部注册的体育场馆设施已有50 612个。韩国城市大型体育设施建设包括体育馆、室内滑雪场、体育公园、健身中心、室外跑道；小型体育设施建设以健身广场、小型运动场为主，服务乡村居民。韩国文化体育观光部提出，到2022年要让国民可以随时随地进行体育活动。

1. 体育中心

韩国体育中心不以营利为目的，国家不对其征税。其中社区体育中心所得的利润不上缴，可凭借较低的会员会费收入维持中心的持续发展。首尔特别市的25个区，每个区都有一个社会体育中心。每个社会体育中心的设施主要以满足人们的各种锻炼需要为目的，每个社会体育中心设有标准游泳池、健美操训练馆、器械力量健身馆、运动处方诊断室、儿童训练馆、高尔夫练习馆、乒乓球馆、综合训练馆等，其中运动处方诊断室为每个锻炼的人开出适合个人的锻炼处方，再交由专门的技术指导员监督训练。

2. 学校体育设施

作为体育公共设施的重要组成部分，学校体育设施是大众体育顺利推行的重要资源。1983年2月17日韩国体育部颁布了《关于开放利用学校运动场规则》第1号令，规定在不影响学校教育的情况下，清晨、放学、公休日及节假日期间，学校体育场馆和体育设施向国民开放，并明确开放时间和使用细则。

第五节 国外大众体育活动开展

随着经济的发展，人们生活水平的大幅度提高，社会劳动强度和劳动时间大大剩余，大众体育得到了快速发展。特别是20世纪80年代后，大众体育已经成为世界各国发展中不容忽视的重要目标。1985年国际奥委会设立了大众体育委员会；1986年在德国法兰克福召开了两年一届的世界大众体育大会；1989年加拿大多伦多召开的世界健康大会上已有89个国家提出大众体育目标；1999年美国芝加哥世界大众体育大会上已有100个国家提出大众体育目标；1986年联合国教科文组织和国际体育联合总会也加入了大众体育这一行列；21世纪以来，大众体育与休闲体育结合，已经成为欧美发达国家居民消费的热点。

一、美国、加拿大大众体育活动开展

（一）美国大众体育活动开展

1. 项目内容

在美国，健身散步、游泳、保龄球、自行车、高尔夫球、慢跑、长跑、网球、棒垒球、有氧运动、排球、篮球、山地滑雪、壁球、橄榄球、越野滑雪等项目参与人数是比较多的。其中，健身散步是最广泛的参与运动的方式，约占总人口的25.2%；其次是游泳，约占24.1%；网球、棒垒球、有氧运动和排球的参与度都在6%左右。

（1）社区体育项目。

美国社区体育项目根据均衡性和共生性的特点开设不同的社区体育项目，根据年龄及社会弱势群体的需要，满足不同群体的需求。在体育项目实施承担方面，37.8%由社区中心承担，38.5%由市属公共设施承担，23.7%由学校和社会体育俱乐部承担。社区体育项目在设置上更加注重享乐性能和情感诉求，提高运动过程中的社会交往功能，满足社区体育参与者的社会需求。社区体育项目主要有乒乓球、羽毛球、游泳、舞蹈、健身、健美与锻炼活动等。

（2）学校体育项目。

2011—2012学年，美国共有450万名男生和超过320万名女生参加了中学体育运动。其中，最受中学男生欢迎的校际体育项目排在前5位的有橄榄球、田径、篮球、棒球、足球，橄榄球参加人数达到了100万，其余的项目人数均达到了40万以上；最受中学女生欢迎的体育项目有田径、篮球、排球、足球、垒球，女生参加田径项目的人数近47万。

（3）户外体育项目。

在政府提供的户外体育场地，人们可以进行徒步旅行、钓鱼、打猎、登山、帆船、独木舟、慢跑、游泳、冲浪、滑雪、野营、摩托车、滑翔及其他多种多样的休闲和健身活动。

（4）民间体育项目。

在民间体育场地，人们可以进行体操、网球、滑冰、击剑、高尔夫球、棒球、足球、排球、橄榄球、空手道、篮球、跳水与游泳等体育活动。

2. 宣传推广

一般认为，体育人口比例高的国家，人们的健康程度、生活质量也比较高。那么什么是体育人口呢？体育人口指每周至少3次、每次至少30分钟、进行中等强度以上体育运动的人群。据有关部门调查，美国有77%的体育人口。为了有效实施国民健身计划，使国民形成积极主动的生活方式，联邦政府通过电视、广播、报刊、杂志等大众传播媒介，进行科学健身的宣传和教育，以使国民形成良好的参与体育的意识。美国每年出版1 200多种有关体育健身和竞技运动方面的书籍，出版300多种体育杂志，吸引大众参与锻炼活动。美国3家主要电视（ABC、NBC、CBS）每年播出体育节目1 500小时左右。政府动员学校、教堂、企业为市民提供参与体育活动的条件和机会，特别是动员学校体育设施向市民开放。当学校放假的时候，允许社区成员和组织使用学校的体操馆、田径场和操场；鼓励社区组织提供体育运动项目。

（1）社区体育宣传。

社区体育中心开展全社区范围内的宣传活动，通过电视、广播、报纸、电影、展板、机构网页、计划季刊等媒介方式促进体育运动信息传递到不同群体和各个家庭，对低收入家庭成员提供参与社区项目的消费券，通过机构网页和项目计划安排季刊，向社区居民发布。在体育设施上进行细微化的设计，如为了方便观众的相互联系，避免迷失，常设有出租临时呼叫机业务，专设伤残人订、售票窗口，设入场导引员等。

（2）学校体育宣传。

美国的学校通过各种宣传手段宣传体育活动的计划，主要手段为运用报纸和时事通信（地方和学校）及其他印刷品和电子媒介。具体的宣传手段有宣传手册、公告牌、海报、电子邮件和网站。

（3）体育指导员制度。

美国的体育指导员制度比较成熟。美国实行的社区体育指导员，要经过培训，考试合格后进行资格审查和资格认定，之后颁发合格证书，持证上岗。美国的体育指导员主要由 4 个部门管理，不同管理部门认定的体育指导员的类别不同，约有 10 类。

（二）加拿大大众体育活动开展

1. 项目内容

加拿大大众体育活动内容丰富、普及率高。从冰雪项目到水上项目，从社区体育到户外体育休闲项目，如冰球、足球、棒垒球、板球、排球、篮球、网球、乒乓球、橄榄球、极限飞盘、长柄曲棍球、草地保龄球等，充分体现了加拿大大众体育休闲活动的丰富多彩。加拿大的气候特点非常适合冰雪运动，境内湖泊众多，形成天然的滑冰场。在加拿大的冬季，学校和社区建设众多简易滑冰场，免费供市民使用。高度普及的冰雪运动是加拿大大众体育的特色运动项目。对于残疾人的体育活动项目，加拿大政府鼓励残疾人参与多类型、多层次的体育活动，如坐式排球、轮椅网球、轮椅篮球、轮椅击剑、轮椅举重、轮椅羽毛球等，改变并最终消除阻碍残疾人参与体育的体育专项壁垒。

2. 宣传推广

加拿大为了推动大众体育的发展，借助电视、报纸、杂志等媒介进行广泛持续的宣传。加拿大自 20 世纪 70 年代后，参加体育锻炼的人数陡然增加。以加拿大体育示范城市萨斯卡通市为例，该市在一年广泛的宣传后，参加体育锻炼的人数从占全市人口的 17% 增至 51%。此外，加拿大经常以社区为组织单位，举办健康体育运动讲座，由体育专业的志愿者举办讲座，进行健康体育运动的宣传。

3. 体育指导员制度

加拿大的体育指导员主要有健身指导员和体质诊断师两类，分别由加拿大健身指导员中央审议会（NFLAC）和加拿大体育科学学会（CASS）2个社会组织授予并管理。加拿大健身指导员中央审议会认证的健身指导员，主要侧重于健身指导工作，分为健身指导员、专家级健身指导员、健身教练和专业级健身教练高级指导员4个级别。加拿大体育科学学会认证的体质诊断师，主要侧重于健身指导、体质诊断和评价等工作，分为体质诊断师、公认体质诊断师两个级别。体育指导员职业具有排他性的特点，因此，同样易于国家对体育指导员这个职业进行规范和管理。

4. 体育服务均等化

从一定程度上讲，大众体育服务均等化，尤其是基本大众体育服务均等化，是大众体育服务之本。加拿大政府加强对重点人群大众体育服务的供给，实现大众体育服务的均等化。加拿大《体育参与计划》规定儿童“健免税”，即16周岁以下孩子的父母，可以申请免交500加元的税额用于孩子的体育活动与健康开支。

5. 体育服务终身化

加拿大政府重视对孩子体育的培养，以快乐为中心，接触体育运动项目，参与体育活动。加拿大在运动员的培养上按照年龄分类，实施不同的应对策略。0～6岁，处于感性认识体育运动、积极开始阶段，启发其积极参与运动，为下阶段打好基础。9～10岁，让孩子接触体育运动项目，理解竞争。13岁以后，进入运动竞技开始阶段，努力培养有运动天赋的孩子，使其成为卓越运动员。加拿大为孩子制订终身体育计划，在为运动员服务的同时为大众服务。

二、英国、德国大众体育活动开展

（一）英国大众体育活动开展

1. 项目内容

社区体育俱乐部的开展主要是围绕会员开展的，其项目的安排有3种：一是技术、身体练习为主的项目，包括正式竞技项目（足球、网球、游泳等）和非竞技项目；社区体育中心能够开展17个以上体育项目，如羽毛球、篮球、保龄球、壁球、5人制足球、健身操、室内曲棍球、柔道、空手道、健身舞蹈、网球、迪斯科、旱冰、乒乓球、蹦床、排球等。二是以学习为主的项目，主要针对初学者。三是为会员提供服务的体力测试、健康诊断、运动处方的制定等。

2. 宣传推广

英国社区体育发展到现在已经形成中央政府、地方政府、俱乐部及外部合作伙伴一体的社区体育推广网络，其中社区体育网络与社区体育伙伴是社区体育推广体系的关键部分。

2008 年 3 月 10 日，英国政府批准了《英格兰体育理事会的战略纲要》，欲构建一个世界领先的社区体育推广体系：使越来越多的人参与社区体育运动；尽早发现各种优秀体育人才并进行培养，使其有机会达到精英运动员水平；使每个人都有一个高质量的体育经历，并能够充分发挥潜能。

3. 俱乐部工作开展

俱乐部的设施来源有 2 种：一是可以自己购买；二是可以向政府租赁（社区体育中心）。俱乐部开展的活动种类很多，但是有 49% 的俱乐部是以租赁的方式获得设备的，只有 21% 的设备是自己购买的，这说明政府供给在社区体育中的重要性。

2011 年，通过租赁获得设备的俱乐部有 66%，到 2013 年下降到 49%，说明俱乐部更倾向于使用自己的设备，而不是租赁。其原因可能是租赁价格的上升或者是供给方的减少。

4. 社区体育志愿者

英国社区体育志愿者活动正在蓬勃兴起与发展，迈入了组织化、规范化、科学化的轨道，是社区体育发展的“基石”。志愿者是俱乐部的“无形资产”，它是俱乐部能够正常运营的重要原因。英国社区体育的中心是体育俱乐部，市民广泛加入体育俱乐部并接受在俱乐部志愿服务的体育指导员的指导。自 2012 年伦敦奥运会以来，英国体育志愿者的数量有所上升。

2012 年伦敦奥运会共有 70 000 名志愿者无偿投入这一赛事，一定程度上保证了奥运会的成功举办。自奥运会以后，2013 年，社区体育俱乐部的志愿者数量从 2010 年的平均 20 人上升到平均 24 人，其中 90% 都是合格的指导员。尽管较 2011 年的 21 人上升了 20%，但仍然有 73% 的俱乐部声称并没有志愿者直接加入他们的俱乐部。最新的 2013 年调查显示，有 36% 的俱乐部希望在未来 2 年里能够增加志愿者的数量。

（二）德国大众体育活动开展

1. 项目内容

德国俱乐部开展的活动方式特别多，不仅增加了滚轴溜冰、山地自行车、跆拳道、气功等新型的运动项目，而且俱乐部体育运动的形式也趋于多样化：群众长跑运动、城市马拉松赛、体育节、骑马出游、骑自行车旅游、赛艇和皮划艇水上旅行等，这些活动已经成为德国人体育运动的新形式。德国大众体育的活动内容可以归纳为健身体育、休闲体育、体育旅游和体育探险 4 大类，且每类并无严格划分标准，只是各有侧重。

2. 宣传推广

德国大众体育计划与大众媒介的宣传活动密切配合，提出了许多简明而有鼓动性的体育口号，如“运动的第二选择”“锻炼身体”“一起运动”“体育与健康”“有氧耐力锻炼 130 分钟”“最好的锻炼效果在俱乐部”“通过体育保持健康”“通过体育达到康复”“体育运动有益于德国”“德国，动起来”等，这些口号从舆论上达到了很好的宣传效果。此外，体育传媒在大众体育开展中也发挥了重要的作用，大众传播媒介为大众体育做广泛宣传，国家也通过电视、广播、报刊、小册子、招贴画等在交通要道和公共场所广为宣传。同时政府首脑以及众多文体明星为这个运动做宣传，带头上街跑步做表率，效果非常好。宣传活动及各界人士的表率行动有效地激励了大众参加体育锻炼，并让人们广泛地了解体育活动的重要性、人的健康水平与体育活动的关系，做到了家喻户晓。

国家为了宣传大众体育还设立体育节、体育日，每年选举“德国最佳体育城市”，这些都是宣传大众体育的大好时机和最佳场所。

3. 大众体育志愿者

每年的 12 月 5 日是德国的志愿者日。目前，德国有 34%（2 200 万人）14 岁以上的公民是志愿者。除卫生和社会公益领域外，有相当多一部分志愿服务发生在体育领域。在德国大约 90 000 个体育俱乐部中，有 210 万个不计报酬的名誉职位，另外还有很多人在俱乐部从事志愿服务。志愿者的无私奉献是德国大众体育的基石。没有志愿者服务，就不可能有德国大众体育的蓬勃发展。

三、日本、韩国大众体育活动开展

（一）日本大众体育活动开展

日本社区体育活动的开展具有本土化、层次性、休闲化与大众化的特点。日本国民在体育意识上注重体育本身的技术和娱乐性，关注自我和团队在体育活动中所能获得的结果和成就。

1. 项目内容

日本大众体育项目的选择充分考虑到简便易行和普及率。目前，日本社区、大众体育包括新兴运动在内的体育运动项目有400多种，整个社会的体育活动领域非常广泛。

日本国民喜爱的传统项目包括柔道、剑道、棒球、垒球、桌球、网球、羽毛球、高尔夫、钓鱼。日本成人参加体育项目前10位的分别是散步、慢跑、体操、保龄球、肌力训练、钓鱼、海水浴、游泳、高尔夫与场地高尔夫；青少年运动项目主要为足球、篮球、棒球、排球、羽毛球、游泳、乒乓球、投球运动、肌力练习和慢跑。《日本经济新闻》指出，日本人最想尝试的新运动中，飞镖、空气剑道、躲避球分别占前3名，其次还有回力镖、桌球、家庭式羽毛球、板拍网球等。

2. 宣传推广

（1）开展体育培训。

日本的小学、初中、高中每周有3节体育课，体育课的教材以器械运动、田径运动、游泳、球类为主要内容。初中和高中还开设了武道课，即柔道、剑道。除此以外，学校体育部也组织体育活动，每年春夏在全国开展高中棒球比赛，还为学生开展滑雪、滑冰、帆船、划艇、高尔夫、空手道、弓道、拳击、自行车等运动项目。日本社区的保健培训课制度要求严格，特邀专家为社区居民每个月讲一次保健课，社区每个人都要参加。

（2）举办体育节。

日本政府为促进大众体育广泛开展，将东京奥运会的开幕日定为日本法定的体育节，每年10月第二周的周一全国放假一天，形成“三日连休”假期，期间日本国内体育场所实行打折或免费制度。另外，许多城市、町、村规定有自己的体育日活动和体育健康都市宣言。据SSF 1995年的调查显示，全国共153个地方政府有体育健康都市宣言，号召日本国民积极参与社区体育运动，强化体育锻炼的意识。

（3）创建体育社交。

为了提高年轻人对体育的关注度，并参考社会上流行的相亲联谊活动，日本文部科学省首次拟定的《体育立国战略》草案中提出“体育婚”，让年轻人通过体育交流，将网球场、高尔夫球场、区域俱乐部等当作年轻人邂逅的场所。日本开创了利用年轻人婚姻恋爱与体育结合的先例。2001 年 12 月，日本总务省公益法人的数据库启用，这个数据库对所有的公益法人的信息能够进行检索，包括各种体育团体等。根据 SSF 2005 年的调查显示，日本 40 个都、道、府、县都建立了体育情报网，这些体育情报网络由各都、道、府、县的教育委员会或体育振兴团体来经营管理，有的由体育中心进行经营管理。

3. 体育指导员制度

社会体育指导员的培养、管理、运行等工作开展得成功与否，直接影响全民健身计划的实施。据日本文部科学省 1994 年的统计资料表明，日本的社会体育指导员与人口的比例为 1∶2 000，体育指导员总数为 69 633 人，其中社区体育指导员为 52 862 人，占总数的 75.9%。到 2003 年，日本体育指导员约 9 万人，增长近 30%。

日本目前的体育指导员大致分为 3 个大类、14 个小类。体育指导员获得资质，必须支付 2 万 ~7 万日元培训费并经过专业训练。其资质认定主要由文部科学省、厚生省、劳动省负责。其中，文部科学省大臣监管的指导员包括社区体育指导员、竞技体育指导员、商业体育指导员、体育活动计划指导员、少年体育指导员和休闲体育指导员。下级府县及市区镇村教委都设有社会体育指导委员会，体育指导员以兼职为主，而且大部分（占 90% 以上）是义务工作人员。

体育指导员在都、道、府、县市区街村的教育委员会负责策划振兴体育运动方案，负责一线体育事业运营，可担任体育指导委员、俱乐部运营领导者。此外，体育指导员还肩负指导地区居民体育活动技巧、康复运动受伤者的功能。加入正规体育组织和在体育指导员陪同下进行运动会显著降低国民运动伤残的可能性。日本的社会体育指导员制度恰恰为完善社会体育网络建设和国民运动健康提供支持。

（二）韩国大众体育活动开展

1. 项目内容

韩国男性热衷的体育项目分别是登山、篮球和足球；女性热衷的体育项目则是登山、徒手体操和羽毛球，两者存在较明显差异。10 ~29 岁人群对篮球活动参与倾向性最高，其中 10 ~19 岁年龄段列第二位项目为徒手体操、20 ~29 岁年龄段列第二位项目是登山，这 2 个阶段的项目参与特征明显区别于其他年龄。从 50 岁以上开始出现活动项目减少的趋势，特别在 60 岁以后，几乎不参加篮球、健身健美、保龄球、技巧运动、自行车和足球等运动项目，反映出闲暇体育运动内容的变化性和对象选择性。

2. 宣传推广

（1）塑造体育亚文化。

为了树立国民的体育意识，韩国《国民体育振兴法》规定了每年10月15日为韩国体育日，每年4月最后一周为体育周。除此以外，韩国每年10月举办全运会，5月举办全国少年运动锦标赛，以及举行体育文化节、青少年体育俱乐部锦标赛、家庭体育节日等，鼓励全民参与运动。韩国政府致力于宣传本国体育传统文化，激发国民掌握体育技能的愿望，从而增加国民参与体育活动的热情。

（2）调研体育偏好。

韩国注重对国民运动参与教育开展科学研究，根据调查，相比男性而言，韩国女性倾向于运动中的自我展示和自我形象；国民从运动中获得的快乐与学历显著正相关，教育程度高会提高运动者对运动快乐的感知。

（3）新媒体宣传。

2016年，韩国制成国家体育设施信息电子地图，以便国民更加便利地进行体育设施信息查询和预约。地图与门户网站相联动，向普通市民提供现有资料。

3. 开办大众体育课堂

开设大众体育课堂，每天清晨，在全国开放405个大众体育广场，每周末进行娱乐性足球、门球、篮球等比赛。采用长寿体育大学、家庭式的体育野营、女性体育讲座、儿童体能教室等9种形式，科学地引导相对落后地方大众体育的健康发展。

4. 体育指导员制度

体育指导员是大众体育开展的基本要素，指导员可以帮助国民认知各种体育项目，培养大众参与体育活动的兴趣，是大众活动成功的重要所在。《全民大众体育振兴法令》规定在健身场所从事社会体育指导员工作的人员均需持证上岗。韩国社会体育指导员职业资格培训和鉴定工作归政府管辖，这是非营利事业，指导员制度的活动经费、基础性建设及日常管理的费用，50%由韩国政府拨款，另50%由韩国国民体育振兴公司提供。目前，韩国16个市及232个市郡区已正式部署大众体育正式带薪职员，已经起到大众体育爱好者培训、管理和大众体育项目普及、大众体育现场指导等作用。

韩国政府从1974年开始普及一、二级比赛教练，从1986年开始普及三级健身教练，从1998年开始一直培养一级运动处方健身教练。到1997年止，韩国培养的大众体育教练和运动保健教练约6万名，其中大众体育教练33 545名和运动保健教练21 000名，适应各种运动的需要。2000—2003年约6万体育指导员得到官方注册，加快了韩国大众体育的科学化进程，提升了大众体育活动质量。

第三篇 实证研究

第九章 天津市大众体育公共服务调查研究——以城区（社区）、乡镇（农村）地区为例

第一节 调查对象基本情况分析

一、年 龄

根据表9－1的统计分析，从869名调查对象的年龄分布来看，33～44岁年龄组参加体育锻炼的人数仅占10.0%，在这一年龄段的调查对象精力、体力充沛，但是他们正处于工作繁重、压力大的特殊时期，因此，用于参与大众体育锻炼的时间较少，致使这个年龄段的参与大众体育锻炼的人群比例很低。调查对象中45岁以上的人群占到89.9%，表明体育活动的参与者以中老年为主。其原因是：老年人和离退休人员身体健康水平下降，子女已长大，他们开始重视自己的健康。

表9－1 调查对象年龄阶段调查统计表 $n=869$

年龄组	35～44岁	45～59岁	60～74岁	75岁以上
人数	87	339	387	56
百分比/%	10.0	39.0	44.5	6.4

二、性 别

从表9－2中可以看出，44岁以下的女性参与大众体育锻炼的比例低于男性，

仅占 15.5%。这是由于女性不仅需要工作，还要照顾家庭，没有太多的时间或者不能坚持参与大众体育的锻炼，其中尤以广大职业女性突出。而 45~59 岁的女性参与大众体育的人数明显多于男性，占到近半数。究其原因：随着年龄的增长，女性进入退休年纪，她们更愿意跟朋友、同事一起参与大众体育锻炼。因此，中老年的女性参与大众体育锻炼的人数呈上升趋势。

表 9-2 调查对象年龄、性别调查统计表 $n=869$

年龄段	男性（326 人）		女性（543 人）	
	人数	百分比/%	人数	百分比/%
44 岁以下	55	16.9	84	15.5
45~59 岁	110	33.7	270	49.7
60 岁以上	161	49.4	189	34.8

三、受教育程度

如表 9-3 所示，人们的大众体育参与积极性与文化程度关系十分密切。高中及中专组占的比例最高，为 46.7%。这充分说明大众体育参与是一种社会文明活动，参与的人群文化程度越高，对体育的认识越清晰，体育的价值观念越牢固。受教育程度越高，相对工作条件越好，就越有利于体育的参与。

表 9-3 调查对象文化程度调查统计表 $n=869$

	初中及以下	高中及中专	大学及以上
人数	187	406	276
百分比/%	21.5	46.7	31.8

第二节 天津市大众体育公共服务发展现状分析

一、天津市城区（社区）、乡镇（农村）大众体育公共服务经费

天津市城乡体育公共服务经费的差异主要体现在来源和投入方面，具体情况见表 9-4。由表 9-4 可知，城区体育公共服务经费主要来源为地方财政补贴、体育

彩票收益、上级体育部门的拨款、其他创收等，其中体育彩票收益与政府财政补贴是地方体育公共服务经费的主要来源。而乡镇体育公共服务经费主要来源于上级政府的拨款，其本级政府用于体育公共服务的资金很少。在农村，除了政府拨款外，几乎没有专门的资金用于体育公共服务，所以他们很少开展诸如农民体育运动会和家庭趣味运动会等体育活动。

表 9－4　天津市城乡体育公共服务经费差异统计表

	城区（社区）	乡镇（农村）
经费来源	地方财政补贴、体育彩票收益、上级体育部门的拨款、其他创收等	上级政府拨款、本级政府拨款等

二、天津市城区（社区）、乡镇（农村）大众体育公共服务场地设施

天津市城乡体育公共服务场地设施差异主要表现在类型、数量、人均面积上，具体统计情况见表 9－5。就体育场馆而言，天津市城区（社区）和乡镇（农村）是有一定差异。靠近市体育中心的街道体育场馆分布比较多，而相对市中心远的街道体育场馆比较少。这说明该资源在城区内分布存在不均衡。另外，天津市乡镇（农村）没有体育场馆。诚然，城乡体育场馆的数量及差距与其地理位置有关，城区（社区）比乡镇（农村）要多，中心镇比其他乡镇（农村）要多，这体现了政府对城区（社区）的政策倾斜。此外，实地走访发现，城区（社区）和乡镇（农村）的体育场馆主要建在中心城区（社区）和中心镇（农村）。

表 9－5　天津市城乡体育公共服务场地设施差异统计表

	城区（社区）	乡镇（农村）
体育场馆类型	体育中心田径场、足球场、学校体育场馆、多功能体育馆、老年人球类活动中心、门球场、棋社、游泳馆、健身房等	健身休闲广场、水泥篮球场、简易室内体育馆、台球厅、室外乒乓球台、村级健身场地、健身路径等
体育场馆数量	标准田径场 4 个、足球场 13 个、多功能体育馆 8 个、老年休闲活动中心 5 个、健身休闲广场 12 处、健身房 26 个、游泳池 5 个等	休闲健身广场 8 处、水泥篮球场 36 片、简易馆 4 个、健身路径 24 套、篮球架 98 个、乒乓球台 156 个等
体育场馆人均面积	1.44 m^2	0.78 m^2

城区（社区）与乡镇（农村）之间诸如篮球场、足球场等球类场地在数量上的差异并不明显，但是规格质量却有很大不同。城区（社区）室内篮球场比较多，而且有塑胶的、木质地板等；而乡镇（农村）的篮球场大多以室外水泥地为主，一遇下雨，居民几乎无法进行体育活动。

足球场地与乒乓球场地在城区（社区）与乡镇（农村）之间也存在较大差异，全市专用球类场地设施的80%集中在城区（社区），乡镇（农村）仅占20%，这20%还是以学校区域为主，个别乡镇（农村）甚至没有专用球类场地设施。

天津市城乡居民对体育公共服务场地设施的满意度情况见表9-6。由此表可知，乡镇（农村）居民对场地设施选址的满意度为21.4%，对场地设施数量的满意度为25.9%，对场地设施类别的满意度为28.6%，城区（社区）居民对体育公共服务场地设施选址、场地设施类别以及场地设施数量的满意度都比乡镇（农村）居民的满意度要高，但总体也普遍偏低。随着体育彩票收益和政府财政补贴力度的加大，近年来天津市城乡体育公共服务的差距在逐渐缩小，城乡居民对公共服务的满意度也会随之提高。

表9-6　天津市城乡居民对体育公共服务场地设施的满意度情况调查表（%）　$n_1=268$，$n_2=136$

类型	城区（社区）			乡镇（农村）		
	满意	一般	不满意	满意	一般	不满意
对场地设施选址满意度	34.8	53.8	11.4	21.4	61.4	17.2
对场地设施数量满意度	37.6	52.6	9.8	25.9	55.6	18.5
对场地设施类别满意度	35.2	52.1	12.7	28.6	57.5	13.9

注：n_1 代表城区居民，n_2 代表乡镇居民。

三、天津市城区（社区）、乡镇（农村）大众体育公共服务指导

天津市城乡体育公共服务指导的差异主要表现在社会体育指导员的数量、级别、培训方式及服务方式上，具体情况见表9-7。

从调查情况看，天津市体育公共服务指导在城乡之间存在很大的不平衡。首先，城区（社区）的社会体育指导员的数量比乡镇（农村）的两倍还多；其次，城区（社区）社会体育指导员主要由三级、二级、一级和国家级构成，而乡镇（农村）的社会体育指导员只有三级和二级两种，以三级为主，二级很少，一级和国家级没有。同时，天津市城乡社会体育指导员的培养方式也有很大不同。城区（社区）社

会体育指导员一般通过本地培训机构培训、请专家来培训、自费外出学习、其他等途径进行培训，而乡镇（农村）的社会体育指导员只能通过本地机构培训和自学两条途径来提升专业技能。此外，城区（社区）和乡镇（农村）在社会体育指导服务方式上也有很大的不同。城区（社区）主要通过健身锻炼方法现场指导、开展讲座现场示范、免费发放健身光盘等音像制品、上网浏览健身信息、体育健身宣传橱窗指导、发放体育健身宣传资料等方式进行指导，而乡镇（农村）基本上只能通过传统的体育健身宣传橱窗指导、发放体育健身宣传资料等方式进行指导。

表9－7　天津市城乡体育公共服务指导情况调查表

项目	城区（社区）	乡镇（农村）
社会体育指导员数量	76	35
社会体育指导员级别	三级72%，二级25%，一级2%，国家级1%	三级83%，二级17%
社会体育指导员培训方式	本地培训机构；专家培训；外出学习；其他	本地机构培训；自学
社会体育指导员服务方式	健身锻炼方法指导；开展讲座；上网浏览健身信息；体育健身橱窗；发放体育健身宣传材料等	体育健身宣传橱窗指导；发放体育健身宣传材料等

总之，城乡之间社会体育指导员的数量、级别、培训方式和服务方式都存在较大的差异性。目前城乡的社会体育指导员都存在实际作用发挥不足的问题，因为不能很好地适应体育公共服务发展的需要。

四、天津市城区（社区）、乡镇（农村）大众体育公共服务活动

天津市城乡体育公共服务活动的差异性主要表现在活动开展的类型、次数上，具体情况见表9－8。

表9－8　天津市城乡体育公共服务活动开展情况调查表

项目	城区（社区）	乡镇（农村）
体育公共服务活动类型	全民健身运动会；老年人、大中小学运动会；业余排球比赛；自行车比赛；长跑比赛等	篮球赛；健身舞比赛；农民运动会；拔河比赛；越野比赛；山野运动大会、打太极等
开展群众活动次数	13次/年	11次/年
体育培训活动	4次/年	1次/年

从表9－8可以看出，城区（社区）体育活动主要以大型的大中小学生运动会、全民健身运动会、老年人运动会、机关运动会、俱乐部篮球精英赛、自行车赛、长跑比赛及各类业余比赛等为主；而乡镇（农村）体育活动则主要以小型的篮球赛、健身舞、拔河，农民运动会、和谐家庭运动会为主，或者以太极、扭秧歌等民间传统体育活动为主。就群众性体育竞赛活动而言，城区（社区）与乡镇（农村）之间开展次数的差距较小。从调查的区域来看，城区（社区）平均每年开展体育活动13次，乡镇（农村）平均每年开展11次。体育培训活动方面，城区（社区）与乡镇（农村）之间的差异较大。城区（社区）平均每年举办4次，几乎每个季度开展1次；而乡镇（农村）平均每年举办1次。体育表演方面，城区（社区）每年开展各种丰富多彩的老年、青年、少年等不同层次的表演活动，而城镇（农村）除了某些竞技水平高的民间特色体育活动表演以外，很少有其他表演活动。

从整体来看，天津市城区（社区）与乡镇（农村）之间在体育公共活动方面存在较大的差距，同样未能实现均衡发展的基本目标。

五、天津市城区（社区）、乡镇（农村）大众体育公共服务信息传播与监督反馈

天津市城乡体育公共服务信息差异性主要表现在信息传播的途径不同、广度有差异方面，而城乡体育公共服务监督反馈的差异性则主要表现在监督的方式和反馈的及时性上，具体情况见表9－9。

表9－9　天津市城乡体育公共服务信息与监督差异情况调查表

项目	城区（社区）	乡镇（农村）
体育公共服务信息传播途径和方式	体育门户网站、媒体、知识讲座、健身宣传册、报刊等	媒体、乡镇健身知识讲座、健身宣传册、科学健身橱窗等
体育公共服务信息传播广度及速度	传播范围广、速度快	传播范围比较小，且速度较慢
体育公共服务监督方式	群体绩效评价体系、居民反映、体育局走访、媒体报道、门户网站、电话、递交文件等	乡镇领导走访考察、村级干部汇报、电话回访、信函等
体育公共服务反馈情况	反馈比较及时	反馈处理不及时

由表9－9可知，城区（社区）体育公共服务信息主要通过体育门户网站、媒体、科学健身知识讲座、编写印发科学健身宣传册、内部报刊等途径进行传播，而且传播波及范围广，对居民参与科学健身影响较大。而乡镇（农村）体育公共服务信息主要通过媒体、编写印发的科学健身宣传册和科学健身宣传橱窗等方式获得，传播范围比较小，对居民参与科学健身影响较小，他们大部分表示对科学健身和体育公共服务不太了解，觉得离自己很远，这就是体育公共服务信息传播不力的结果。城乡体育公共服务的监督反馈也存在较大的差异性。城区（社区）体育公共服务监督反馈主要通过群众体育绩效评价、普通居民反映、文体局领导走访考察、媒体反映、下级递交文件获悉、体育门户网站、电话等途径进行，反馈处理相对比较及时。而乡镇（农村）体育公共服务监督反馈主要通过乡镇领导走访考察、汇报至上级领导机构、电话、信函等方式完成，因为需按程序逐级进行上报，所以时间拖延比较长，常出现反馈处理不及时的情况。

第三节　天津市居民参与大众体育锻炼的现状分析

一、天津市居民参与大众体育锻炼目的的分析

通过图9－1的统计分析，可以清晰地看到人们参与大众体育锻炼的目的排列前3位的分别是：锻炼身体、健身美容，占77.8%；陶冶情操、身心发展，占53.6%；提高运动技能，占40.1%。这充分证明了体育活动在促进人们身心健康发展方面的重要作用及人们对体育活动健身功能认识的一致性。大众体育是一种具有高度的自由选择和很强的内在动机的活动。人们在自主选择、自主决定的运动中，能充分感受到运动是受自己支配的运动，是自己理想与愿望的表达，是自己体力和潜能的活动享受，是个人的自我实现。在当今这样一个快节奏、高效率的社会，人们通过参与大众体育锻炼有助于缓解自身在生活、工作中的压力，调节自我紧张的情绪，改善人们的生理、心理状态，促进人们的健康，从而达到自我和谐。

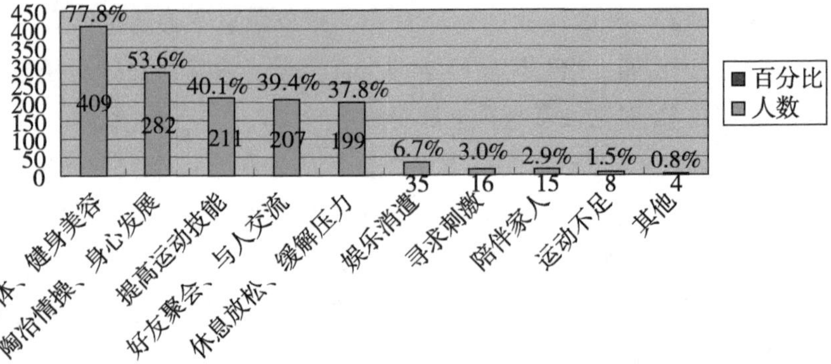

图 9－1　天津市参与大众体育锻炼目的调查统计图（$n=526$）

通过图 9－1 显示可知，人们通过大众体育运动在锻炼身体、陶冶情操、提高运动技能的基础上，更注重的是好友聚会、与人交流，休息放松、缓解压力，分别占 39.4% 和 37.8%。这说明人们注重通过体育活动实现精神和社交方面的需求。通过大众体育运动可以结识许多不同身份、年龄、性别的人，实现广泛的交往、技艺的相互切磋、合作中的协调等，增进相互间的感情交流。由于大众体育多数是在开放的、直接的交往互动中进行的，没有利益冲突，人们容易获得一个轻松、宜人、平等的交际平台。因此，在这样的情景中，各方更易彼此容纳接受，形成协调的关系，也更易改善人与人的关系，促进和谐社会中人与人之间的和谐相处。

二、天津市居民参与大众体育锻炼项目的分析

从图 9－2 可以看出，形体、舞蹈、瑜伽这类集体表演性、韵律性类的集体大众体育参与活动项目深受欢迎，位居第一，占 46.4%。跑步、散步，武术、气功这类的传统锻炼方式分列第二、第三位，分别占 43.9%、26.6%。这是由于大众体育参加的人群不一样、活动场所不一样、目标不一样，所以它在参加的内容方面，也表现出极大的差异性和极强的丰富性。值得注意的是：占据第四位（23.0%）的其他项目，根据调查问卷的统计显示，分别是广场舞、太极柔力球等以自娱性与表演性为一体，以集体舞为主体来表演的舞蹈。其表演方式有很大的灵活性，时间可长可短，完全体现主客观的意愿和需要。太极柔力球是一项比较新兴的运动，这项运动已经在大中城市开始流行来了，主要受众群是社区的老人。除了健身和竞技外，太极柔力球还可以作为表演的手段，单人、双人及多人可以在音乐的伴奏下，做出各

种优美的表演，因此，太极柔力球可以最大限度地满足不同层次、不同需求锻炼者的需要。

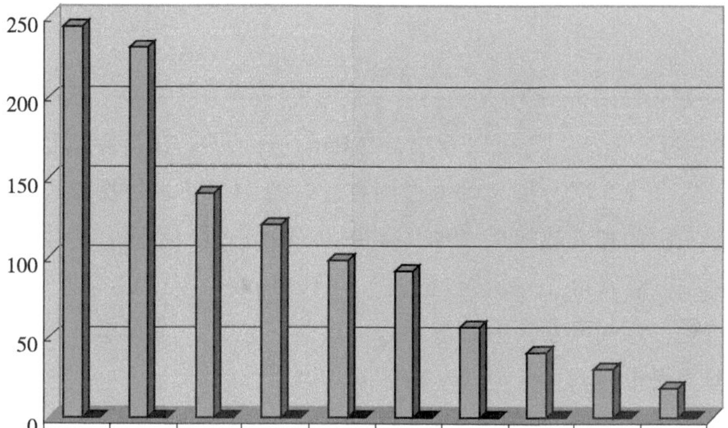

	形体、舞蹈、瑜伽	跑步、散步	武术、气功	其他	乒羽网球	跳绳、踢毽子	游泳	器械健身	足篮排球	保龄球等
人数	244	231	140	121	98	92	57	41	30	19
百分比	46.4%	43.9%	26.6%	23.0%	18.6%	17.5%	10.8%	7.8%	5.7%	3.6%

图 9－2　天津市参与体育锻炼项目情况调查统计图（n＝526）

三、天津市居民参与大众体育年限、频率的分析

通过表 9－10 可以看出，参与大众体育锻炼年限持续 10 年以上的民众占到调查对象的 36.7%，说明部分参与大众体育锻炼的群体具有很强的毅力和目的性，以致能保持这么长久的锻炼年限。如果再把有 5～10 年锻炼经历的群体叠加起来，那么这部分人群将达到 74.5%。这说明目前天津市人群的体育锻炼意识强烈，很多人已经能够把在余暇参加各种各样的体育活动作为自己文化生活的一个重要组成部分。大众体育不仅能满足个体精神和物质发展的需要，促进个体的发展，而且又是丰富社会文化生活的一个重要活动，大众体育将会在我国得到越来越广泛的开展。

表9－10　天津市居民参与大众体育锻炼年限调查统计表　　$n=526$

	1年以内	1～3年	3～5年	5～10年	10年以上
人数	20	22	92	199	193
百分比/%	3.8	4.2	17.5	37.8	36.7

从表9－11、表9－12可以看出，在被调查的对象中，参与大众体育锻炼每周坚持锻炼3次（含3次）以上的人占调查人数的91.7%，每次参与体育锻炼持续30分钟以上的人占调查人数的95.2%。走在天津的公园、小区、街头广场，无论是清晨，还是傍晚，经常可见一群跳健美操、唱歌唱戏、打腰鼓等进行锻炼的老年人，他们精神抖擞、意气风发，为城市平添一道靓丽景色。尤其是在夏季，就近到户外参加一些健身娱乐活动更成为老年人休闲的主要方式。

表9－11　天津市居民参与大众体育锻炼次数调查统计表　　$n=526$

	每天1次	每周3次	每周1～2次	每月1～3次	每年1～3次	不参加
人数	328	154	34	6	3	1
百分比/%	62.4	29.3	6.5	1.1	0.6	0.2

表9－12　天津市居民参与大众体育锻炼持续时间调查统计表　　$n=526$

	30分钟以内	30～60分钟	60分钟以上
人数	25	150	351
百分比/%	4.8	28.5	66.7

通过表9－13可以看出，参与大众体育锻炼的人，进行体育运动后身体仅微微出汗的占到近半数，这与调查对象中中老年人数居多有很大的关系。通过对调查对象进行访谈，当问老年人是否知道什么是科学健身、他们的健身方式是否科学时，他们的回答似乎是毫无头绪的，大多数人都回答说：目前自己的身体状况还算良好，为了慎重起见，不会做太大负荷的运动。这似乎从另一个方面反映出，在现在的老年人眼中，对养生的重视超过了以往，谁都渴望长寿，而与此同时却往往又忽略了科学的健身方式。体育活动作为促进人体健康的一种重要手段，要求参加者不但要坚持经常性的活动，而且每次活动还要持续一定的时间和达到一定的运动强度。

表9－13　天津市居民参与大众体育锻炼强度调查统计表　　$n=526$

	无感觉	微微发热	微微出汗	中等出汗	大汗淋漓
人数	10	74	208	172	62
百分比/%	1.9	14.1	39.5	32.7	11.8

四、天津市居民参与大众体育锻炼场所的分析

由图9－3统计可知，天津市居民参与大众体育锻炼的场所中，公园、广场、住宅小区这些免费、社区性特点明显的地点位居前列。这与近几年天津市大量改造提升的公园免费对民众开放息息相关。有相关报道指出，2006年9月1日起，天津市175个公园就已经向晨练市民免费开放了。而公园、广场、住宅小区几乎不涉及经费问题，清晨、傍晚可随意使用。34.4%的人选择住宅小区花园场地进行锻炼，表明居民参加体育锻炼时喜欢“就近”的锻炼场地。

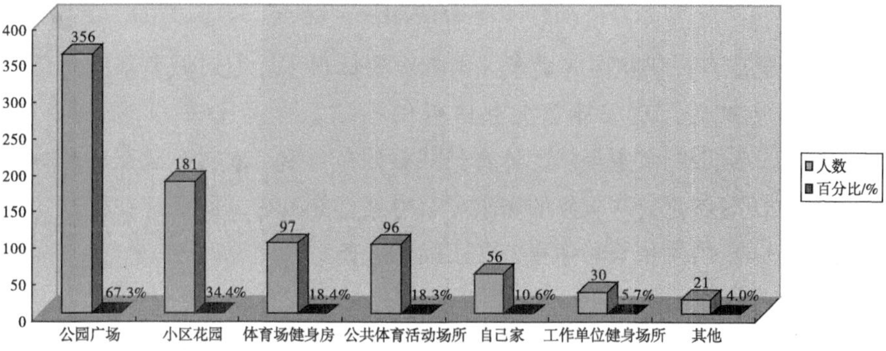

图9－3　天津市居民参与大众体育锻炼场所调查统计图（$n=526$）

五、天津市居民大众体育公共服务居民满意度调查分析

居民体育公共服务总体满意度是指居民对当地政府提供的体育公共服务在使用后实际感受与使用前期望之间的对比关系。它是检验政府为居民提供的体育公共服务产品是否满足居民需求的指标之一。

根据图9－4显示的数据可见，天津市城乡居民对体育公共服务总体状况的满意程度都不是很高，分别占总数的42.6%、30.7%。其中，城区（社区）居民对体育公共服务总体满意度比例分别为：非常满意为4.5%，满意为38.1%，一般为

42.8%，不满意为13.0%，非常不满意为1.6%；乡镇（农村）居民对体育公共服务总体满意度情况分别为：非常满意为2.4%，满意为28.3%，一般为40.8%，不满意为19.8%，非常不满意为8.7%。

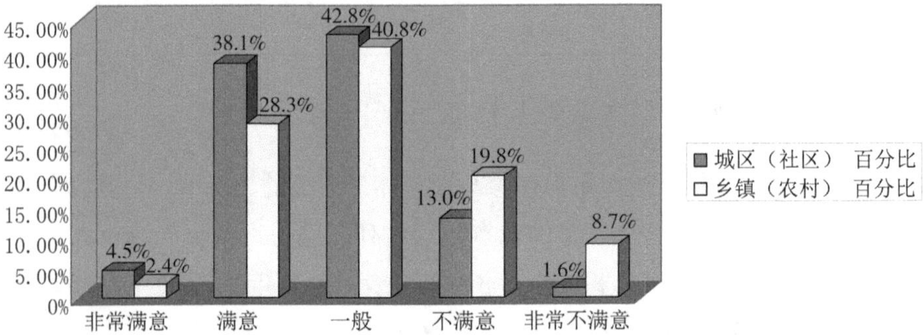

图9－4 天津市城乡居民对体育公共服务总体情况满意度调查情况图

通过这些数据看出，对体育公共服务的总体发展状况的满意程度，城区（社区）居民对体育公共服务提供的状况满意度相对比较高；相较之下，乡镇（农村）居民对体育公共服务提供状况的满意度则相对要低很多。而对城乡不满意情况的调查发现，乡镇（农村）居民体育公共服务的不满意程度比城区（社区）高出了13.9个百分点，这表明政府提供的体育公共服务在乡镇（农村）还是比较薄弱，乡镇（农村）居民对体育公共服务的需求没有得到充分满足，乡镇（农村）未能享受到与城区（社区）居民相等的体育公共产品和服务。

第四节　天津市城乡大众体育公共服务差异化分析

一、城乡二元结构影响依然存在

相对于乡镇（农村），城区（社区）经济较发达，公共服务制度较完善。天津市城区（社区）的几个街道都配备了体育指导员，并且在每个小区都规划建设了体育设施，各种非商业性的社会团体、协会等较活跃。然而，乡镇（农村）大量劳动力涌向城市，在城市里谋职，故在家里仅剩下老、弱、病、残、幼，农业生产的技术和条件存在一定局限性，经济增长较缓慢。在乡镇（农村），人们主要关注的还是物质方面——吃、穿、住、行，对体育健康的意识较模糊，认为可有可无。由于缺乏政策的导向、经济的支撑，在乡镇（农村）发展体育公共服务还存在一定的难度。

在城乡二元结构的管理方面，传统机制也造成城乡体育公共服务差异性。该二元结构主要表现在如下几个方面：城区（社区）与乡镇（农村）两个地域的体育场馆设施；城区（社区）与乡镇（农村）两个地域的体育资金投入；城区（社区）与乡镇（农村）两个地域的体育政策制度；城区（社区）与乡镇（农村）两个地域体育指导员分布等体育资源的演进性差距。这些是主要导致乡镇（农村）居民的体育权利不能得到有效保障的重要原因。

二、传统文化观念的差异是因素之一

调研期间，通过对天津市蓟州区、宁河区（农村）的考察发现，很多乡民缺乏体育观念意识，从心里排斥体育运动，常将体育运动跟“玩闹”“不务正业”“赶时髦”“出风头”扯上关系，相对于体育健身活动，他们更愿意选择打牌、搓麻将、闲聊天。在浏阳城区（社区），一年中参与过体育消费的也仅有45.4%，在乡镇（农村）这个比例更低，只有10.6%。从这个比例来看，城区（社区）居民的体育意识强于乡镇（农村）居民。虽然很多乡镇（农村）居民也在城市务工，长时间身处城市，但传统思想和习惯依然制约着其体育参与。

通过分析可知，传统观念、收入水平及文化素质也影响着人们的世界观。特别在乡镇（农村），当存在体育公共服务成本分担时，居民在表达需求时也存在矛盾心理，不强烈，缺乏积极参与的意愿和心态。对体育文化价值观认识的差异也造成体育公共服务需求的不同。

三、上下部门监管力度不一致

政府是保障当地体育公共服务供给的直接部门，能够起到领导、协调和监督作用，这点毫无疑问。通过调查访谈可知，在天津整个地区，体育公共服务的职能机构仍不够完善，无论是乡镇（农村）还是城区（社区），都需要进一步发展。由现状可知，除上述外，天津市政府的决策也影响着天津城乡体育公共服务的差异性。第一，地方政府在政绩观念里，将体育政绩放在一个比较排后的位置，更关注体育竞技发展。第二，地方政府在缺乏资金和编制的情况下，对发展乡镇（农村）体育公共服务积极性较低，易阻碍城乡体育公共服务的发展。第三，政府部门的协调不力也制约体育的发展，因为全民体育不是文体局一个部门的事情，需要卫生、环保、规划、宣传、建设、财政等多个部门的配合，比如提供场地规划不合理，体育设施场地只拆不建或边建边拆影响着体育的发展。

在体育公共服务管理方面，政府还有一个很重要的角色，那就是具有管理体育场地设施的责任。在乡镇（农村）地区，很多乡镇（农村）缺乏一定的管理机制，缺乏专门的设施管理、维护人员，导致了很多设施、场地经久不修，最终损坏，造成浪费。城区（社区）设施较完善、管理机制较合理、设施的使用程度较高，因此要更加注重体育场地设施的维护，这也是导致城乡体育公共服务差异的原因之一。

第四篇 结论与对策

第十章 结 论

（1）天津市大众体育公共服务的积极开展，提升了人们维持身体健康、调节自身情绪的认知，促进了人与人之间的情感沟通、诚信友爱，维护了社会公平正义、安定有序的发展，提升了民众的环保意识，促进了社会的和谐发展。

（2）天津市各级政府在大众体育公共服务中仍起着主导作用，企业、社会组织和志愿者是必要的补充。政府决定体育公共产品提供方式。天津市大众体育公共服务产品提供方式已经形成多样化特征，提供形式主要包括政府直接提供和市场提供两大类。政府直接提供形式主要表现在免费向市民提供服务的内容上：场地免费、指令性任务、特定节假日、健身路径、广场空地。市场提供形式则包括收费服务、特许经营、合同外包、场地租赁、社会赞助。

（3）大众体育锻炼场地、设施投入数量加大，但分布不均，且开放性不够。天津在大众体育锻炼场地和器材的投入方面力度较强，目前全市拥有各类体育场馆、健身场地和设施 8 952 个，面积为 2 300 万平方米，人均面积达 2. 275 平方米。但是，由于各区县社会经济发展、人口分布密度不同，场馆利用与开放性不高。调查显示，39. 1% 的人认为在体育设施的建设方面不能满足他们参与大众体育锻炼的需求。

（4）在城镇化进程中，乡镇（农村）经济水平提升的同时，其乡镇（农村）居民在生活方式和自身素质上同样也需要提高。天津市各级政府及主管部门及时提供政策保障以及各级领导的服务和创新意识是提高乡镇（农村）大众体育公共服务水平的关键；地方经济发展水平仍是体育公共服务水平的决定因素，在解决经济发展问题的同时，还要解决思想意识、认识水平等问题。

（5）天津市城乡居民对大众体育公共服务的满意度不高，这就证明：即使是沿海发达地区，百姓对政府提供体育公共服务仍然寄予很高期望，也意味着政府在提高服务水平和效率上尚有较大改进空间。天津市大众体育公共服务公众评价期望值与满意度之间存在较大差异，可以得出以下几点启示：必须将大众体育的发展纳入体育公共服务的视野，体育场地设施和群众性体育经费投入是影响大众体育开展的最重要因素，体育公共服务要惠及农民工、失业工人及残疾人等社会弱势群体，多元化的需求呼唤多元化的体育公共服务。

第十一章 对 策

一、建立考核机制

科学规范的绩效评估体系能够有效约束和监督政府行为，保证体育公共服务供给主体提供优质服务，产生最大的社会效益。第一，建立体育公共服务问责制度，根据各级政府财权和事权匹配的原则划分体育公共服务责任，公民体育权利的实现作为考量各级政府体育绩效的根本指标，体现服务型政府的追求。第二，对体育部门提供的服务项目和内容、服务的方法和措施、服务数量和质量、公民的满意度等都要定期进行考核，促进体育公共服务内容和形式上积极创新，不断增强大众体育活动的感召力，吸引更多人参与体育锻炼。第三，建立监督机制。体育公共服务的主要资金来源是公共财政支出和体育彩票公益金，坚持“取之于民，用之于民”的原则，资金的投入项目、数额、使用途径，能够做到公开透明；体育公共设施是否按照规定要求对外开放和综合利用，要进行跟踪监督，发挥大众媒体、公众和社会组织的监督作用，防止权力寻租、滋生腐败。第四，建立第三方评估机制，将体育公共服务对象纳入考核主体中，公众参与体育公共服务绩效评估，参与程度也直接影响体育公共服务供给质量。第五，建立体育公共服务投资评估机制。体育管理部门应改变过去那种“只管投资，不管质量和效率”的投资管理方式，在注重公益性和均衡性的基础上，加强“成本—效益”观念，将有效的资源发挥最大作用，建立“预算—投资—产出—评估”等一系列的投资运行评估机制。

二、完善政策制度

完善的法规体系和正确的政策是大众体育公共服务水平不断提高的保证。改革开放后，我国大众体育获得长足发展的根本原因是社会经济的迅速繁荣，但也离不开政府的政策支持，从《中华人民共和国体育法》到《全民健身计划纲要》，再到《全民健身条例》，明显标示出政府对大众体育工作的重视程度以及公众体育权利逐步扩大的轨迹。《全民健身条例》的颁布是我国体育事业发展的里程碑，标志着我国体育事业工作重心的转变，政府和社会对大众体育的关注达到前所未有的高度。《全民健身条例》明确规定了各级政府的权利和义务，为公众获得更好的体育公共服务提供了法律保障。但是，现有的政策制度仍然很不完善，多是一些原则性要求，落到实处往往缺少具体依据，没有明确的服务标准和科学的考核方法，缺少具体的惩罚措施，各级政府在执行政策的过程中随意性较大，积极性不高。因此，要保证公众享受高质量的体育公共服务，各级政府必须根据《全民健身条例》的要求，制定出与地方经济发展相适应的地方政策，明确规定服务内容，确定服务标准，并建立全新的考核机制。

三、政府明确责任，加强服务意识

完善大众体育公共服务制度，提高服务水平，各级政府仍需承担主要责任。此次调查可以发现，市民对体育场地设施、体育经费和社会体育指导员满意度较低，而要改善这些条件，必须由政府承担责任，因为与此相关的资源主要是由政府控制的。这就要求政府在城市规划中必须考虑大众体育发展所需要的土地，财政预算也应该留有大众体育服务的专项经费。政府责任不仅仅停留在提供土地和资金上，政府直接提供服务的质量一定程度上决定服务水平的高低，但这并不一定是最好的提供方式。政府的责任还表现在改革创新的决心和行动上。

各级政府及体育主管部门的服务意识同样也是影响大众体育公共服务水平的一个重要因素。调查中发现，凡是政府或部门领导服务意识强，当地的大众体育活动就能够开展得有声有色，群众参与锻炼的热情就高。所以，要在各级政府和体育主管部门当中加强服务意识教育，把对部门对个人的服务意识、服务水平、服务能力作为考核个人工作业绩的重要内容。

四、信息反馈及时透明，实时接受公众监督

作为体育公共服务客体，公众有信息知情权，有权了解自己的体育权益、政府提供的体育公共服务内容和服务承诺，有权了解大众体育公共服务资金用途，有权对政府及工作人员的服务水平、服务质量进行监督和批评。要保证公众信息知情权，要求政府有信息披露制度和正规的信息披露渠道，建立专门的网站，定

时公布各种信息，接受公众的咨询和质疑。提高信息透明度，建立政府和公众交流的正常渠道，是推动我国大众体育公共服务的必要途径。公众及时了解相关信息，也是行使监督权的前提，我国传统的监督考核机制都是上级对下级单向进行，这样容易出现下级部门和个人只对上级或顶头上司负责的现象，很少考虑民意。必须改变这种考核机制，政府和工作人员必须接受公众的评价和民意监督，只有这样才能真正推动我国大众体育公共服务改革的进程。

五、拓展公共服务范围，关注特殊人群

我国社会各阶层处于快速变化当中，贫富悬殊造成一个规模庞大的弱势群体，这个群体主要由农民工、失业工人、残疾人等组成。因为生存困难，长期挣扎在社会底层，参与体育锻炼的机会较少，应有的体育权益得不到保障。客观条件决定弱势群体在体育需求上的动力不足，但是这不能成为政府和社会忽视其存在的一个理由，关注弱势群体的生存状况及体育权益是政府和社会的责任，一个不能保证全民享有的大众体育公共服务体系注定是一个不健全的体系。

要保证把弱势群体纳入大众体育公共服务体系，使之成为这一公益事业的受益者，就必须从制度上消除居民身份壁垒。城市福利体系应该吸纳这些弱势群体，为他们提供最基本的生活保障，比如社区体育比赛等活动就不应该把弱势群体排除在体制之外。另外一个可以参考的重要方法是借鉴西方国家实行的凭单制，给缺少购买力的弱势群体发放代金券或凭单，凭单可以去指定地点换取等价金额的体育器材或实物，也可以享受一定金额的免费服务。

六、多渠道拓展资金来源，充分开发和利用城乡体育资源

建设和完善城乡大众体育公共服务体系，需要资金支持，即需要拓展多渠道资金来源。政府财政是重要保障，需要建立起城区、乡镇、农村的三级配套管理才能作为财政的有益补充，辖区共建、单位资助的多渠道投入也是保障财政的重要手段。具体为：第一，将当地得益于政策扶持发展起来的公司纳入辖区共建单位，并且政府应明文规定，受益单位应承担部分经费用于体育公共服务，并将其责任明确，共同推动公共服务的发展；第二，出台激励政策，对支持体育公共服务建设和发展的社会团体、企业及事业单位给予鼓励，也可采用社会集资、转让冠名权及广告权等

形式来争取社会的支持。通过以上方式可以弥补政府资金的不足，保证发展城乡体育公共服务的经费。

需要整合整个范围的体育资源，如提高学校、企业、事业单位体育设施的开放程度，也鼓励第三方参与城乡体育公共服务体系的建设，并将民营资本得到充分利用。当然，在我国市场经济发展的今天，政府的服务也存在一定的局限性，不可能面面俱到，因此不能墨守原有的单一依赖政府的格局，应将引入民营资本作为重要补充。需要充分地挖掘和整合社会公共资源，将资金来源多样化，一方面可以减轻政府压力，另一方面能够实现政府、民营和社会大众的共赢。通过第三部门的参与，在建设城乡体育公共服务中，可以弥补政府的资金、效率、管理和服务的不足，并且可以满足不同层次的多样化需求，这也是解决目前城乡体育公共服务发展的一条重要途径。

七、积极培养社会体育指导员，加大体育公共服务的指导

在大众体育公共服务方面，社会体育指导员扮演着很重要的角色。在天津地区，培养一批层次清晰、结构合理、比例适当的社会体育指导员队伍十分必要，能够推动体育公共服务的均衡发展。具体措施还需要细化，如完善社会体育指导员登记和注册制度；实行社会体育指导员定人、定职和定岗分类管理体制；建立社会体育指导员定期再培训和考核机制。这些举措在城区（社区）、乡镇（农村）方面，能够面向居民起到服务指导作用，可以提高居民健身的针对性和有效性。

现在大学生支农较多，可以建立村官担当社会体育指导员的制度，可以充分发挥大学生村官的重要作用，将这批年轻村官培养成专门的社会体育指导员，也能解决农村地区社会指导员缺乏的问题。当然，我们也必须清楚地认识到，大学生村官很多不是体育科班出身，需要时间和精力，并需要对他们进行培训，因此这需要一个较长的过程。

八、开展多元化城乡大众体育公共服务，满足不同层次的体育健身需求

多样化需要内容和形式都多样化，体育公共服务多样化也是如此。天津地区经济发展迅速，人民的物质文化生活也很丰富，全民健身运动将不断深化展开。广大城乡居民也意识到加强体育锻炼的重要性，科学健身的理念也逐渐深入居民

心中，这将有利于体育服务活动的展开和推广。但是，由于不同地域和群体的差异特点，需要开展多元化的城乡体育公共服务才能满足城乡居民各方面的体育健身需要和不同层次的体育健身需求，从开放式的体育公园、公共健身器材到高端的健身会所中“私人订制”的健身计划等，从而保障广大城乡居民享有基本的体育公共服务。

参考文献

[1] 徐增辉. 新公共管理研究——兼论对我国行政改革的启示 [D]. 长春: 吉林大学, 2005.

[2] 孙晓丽. 中外公共服务体制比较 [M]. 北京: 国家行政学院出版社, 2007: 7.

[3] 郝立新. 马克思主义哲学研究述评 [M]. 北京: 中国人民大学出版社, 2002: 284.

[4] 罗纳德·J. 奥克森. 治理地方公共经济 [M]. 万鹏飞, 译. 北京: 北京大学出版社, 2005: 9-10.

[5] 孙晓莉. 中外公共服务体制比较 [M]. 北京: 国家行政学院出版社, 2007: 11-16.

[6] 杨团. 社区公共服务论析 [M]. 北京: 华夏出版社, 2002: 99.

[7] 肖林鹏, 李宗浩, 杨晓晨. 体育公共服务概念及其理论分析 [J]. 天津体育学院学报, 2007, 22 (2): 97-101.

[8] 刘玉. 体育权利与体育公共服务供给 [J]. 北京体育大学学报, 2011, 34 (12): 5-9.

[9] 曹可强, 俞琳. 论体育公共服务供给主体的多元化 [J]. 体育学刊, 2010, 17 (10): 7-9.

[10] 张晓红, 计伟忠, 张威. 我国体育公共服务中相关概念文献综述 [J]. 内江科技, 2010, 31 (11): 19.

[11] 刘勇. 体育市场营销 [M]. 北京: 高等教育出版社, 2007.

[12] 曹可强. 体育产业概论 [M]. 上海: 复旦大学出版社, 2004.

[13] 张保华. 现代体育经济学 [M]. 广州: 中山大学出版社, 2004.

[14] 李海燕. 体育服务产品的特征及其营销策略 [J]. 内蒙古师范大学学报,

2005，34（5）：25－28.

［15］罗攀. 论体育权利与体育公共服务均等化［J］. 西安体育学院学报，2011，28（4）：45－48.

［16］杨铁黎，吴永芳，刘燕华，等. 关于建立我国体育服务业质量管理体系若干基本理论问题的探讨［J］. 首都体育学院学报，2003，14（3）：27－30.

［17］肖林鹏，李宗浩，杨晓晨. 我国体育公共服务体系概念开发及结构探讨［J］. 天津体育学院学报，2007（6）：473.

［18］王才兴. 构建完善的体育公共服务体系［J］. 体育科研，2008，29（2）：17－20.

［19］郇昌店，肖林鹏，杨晓晨. 我国体育公共服务研究框架探讨［J］. 山东体育学院学报，2009，25（2）：4－9.

［20］BUTLER R J，WILSON D C. Managing Voluntary and Non－profit Oranizations［M］. London：Routledge，1990.

［21］KING B. A ballpark boom on the farm［J］. Street & Smith's Sports Business Journal，1999（26）：23－32.

［22］CHRISTOPHER GREENWELL. Assessing the Influence of the Physical Sports Facility on Customer Satisfaction within the Context of the Service Experience［J］. Sport Management Review，2002（5）：129－148.

［23］TSENG M L. Implementing and Evaluating Performance Measurement Initiative in Public Leisure Facilities：AnAction Research Project［J］. Computers and Education，2010，55（1）：188－201.

［24］顾丽枚. 英、美、新加坡公共服务模式比较研究——理论、模式及其变迁［J］. 浙江学刊，2008，（5）：108－113.

［25］王才兴. 体育公共服务国际比较与启示［J］. 体育科研，2008，29（2）：27－31.

［26］李静. 试论体育公共服务体系建设［J］. 南京体育学院学报，2009，23（1）：62－65.

［27］陈静霜. 中国体育社团发展的困惑外部成因及未来趋势［J］. 体育学刊，2014（3）：40－43.

[28] 戴维·奥斯本，特德·盖布勒. 改革政府：企业家精神如何改革公共部门 [M]. 上海：上海译文出版社，2006：1－233.

[29] 唐铁汉. 中国公共管理的重大理论与实践创新 [M]. 北京：北京大学出版社，2007：80－81.

[30] 珍妮特·V. 登哈特，罗伯特·S. 登哈特. 新公共服务：服务，而不是掌舵 [M]. 北京：中国人民大学出版社，2004：40－41.

[31] 辞海编辑委员会. 辞海 [M]. 上海：上海辞书出版社，1979：3355.

[32] 2012 年天津市群众体育工作全新起步 [EB/OL]. [2012－02－02]. 天津网 http：//www. tianjinwe. com/tianjin/tjty/201202/t20120202_ 5075222. html.

[33] 王雅洁. 天津近代体育文化变迁研究——基于西方体育文化传播视角 [D]. 天津：天津体育学院，2012.

[34] 李国东，崔晴晴. 基于传统体育文化的天津旅游可持续发展对策研究 [J]. 当代体育科技，2014，4 (16)：43－45.

[35] 黄健荣. 公共管理学 [M]. 北京：社会科学文献出版社，2008.

[36] 陈刚，乔均. 体育公共服务体系建设比较研究与创新探索 [M]. 南京：江苏凤凰科学技术出版社，2015.

附　录

附录1：　天津市大众体育公共服务调查问卷

尊敬的居民朋友：

您好！非常感谢您能抽出时间协助完成此次调查！我们希望通过本问卷了解当前天津市区城乡大众体育公共服务的发展情况。调查的目的在于促进天津市城乡大众体育公共服务协调、均衡地发展，尽量满足天津市城乡居民对体育的需求。本调查是匿名调查，涉及的问题不存在正确与否，也无好坏之分。请您根据自己的实际情况填写问卷，衷心感谢您的支持与配合！

（回答方式：此问卷不记名，涉及的问题不存在正确与否。您只需在相应的选项前数字上画“√”，在“______”处填写您的认识，对您的配合再次表示感谢！）

基本信息：

1. 您的性别：①男　　②女

2. 您所在的区域是：①城区　　②乡镇　　③农村

3. 您的年龄段：①34 岁及以下　②35～44 岁　③45～59 岁　④60～74 岁　⑤75岁及以上

4. 您的学历水平：①初中及以下　②高中、中专、技校　③大学及大学以上

5. 您目前从事（或退休前从事）的职业：

①国家机关，党群组织，企业、事业，单位负责人　②专业技术人员　③办事人员和有关人员　④商业、服务人员　⑤农、林、牧、渔、水利业生产人员　⑥生产、运输设备操作人员及有关人员　⑦其他______

一、单选题

1. 您对体育公共服务（体育活动、体育场地设施、体育经费）等了解吗？

①不了解　　②了解一点　　③了解　　④非常了解

2. 您听说过全民健身活动（广场舞、运动会等）吗？①听说过　②没听说过

3. 您在一年中有过体育消费吗？①有　②没有

4. 您每年参加体育活动的次数是？①小于 1 次　②1 次　③2 次　④4 次　⑤4 次以上

5. 您所在的区域体育场地设施是否完善？①不完善　②一般　③完善　④非常完善

6. 您对您所在区域的体育场地设施满意吗？①不满意　②一般　③满意

7. 您所在的区域有没有专门的社会体育指导员（指导、带领居民进行健身锻炼的人员）？

①没有　②有

8. 您会选择哪种体育指导服务方式？

①健身锻炼方法现场指导　②开展讲座现场示范　③免费发放健身光盘等音像制品　④上网浏览健身信息　⑤通过体育健身宣传橱窗获得健身指导　⑥其他____

9. 您觉得目前的体育指导服务能满足您的健身需要吗？

①不能满足　②基本能满足　③能满足

10. 您认为上级对体育公共服务的监督到位吗？

①不到位　②基本到位　③到位

二、多项选择

1. 您参加大众体育锻炼的目的是：

①休息放松，缓解压力　②陶冶情操，身心发展　③寻求刺激

④锻炼身体，健身美容　⑤娱乐消遣，消磨时间　⑥提高运动技能

⑦好友聚会，与人交流　⑧体弱多病，感到运动不足　⑨陪伴家人

⑩其他______

2. 您平时参加大众体育锻炼的项目是：

①跑步、散步　②足、篮、排　③羽毛球、乒乓球、网球　④体操、舞蹈、瑜伽　⑤保龄球、高尔夫球、台球　⑥器械健身　⑦登山　⑧游泳　⑨跳绳、毽子　⑩武术、气功　⑪其他______

3. 您平时参加大众体育锻炼的场所是：

①自己家里　②收费体育场馆、健身房、俱乐部　③工作单位配套体育设施　④公园、广场　⑤体育公共活动场所（如学校运动场等）　⑥住宅小区花园　⑦其

他______

4. 您参加大众体育锻炼的消费支出主要用于哪些方面：

①购买体育服装 ②购买体育器械 ③场馆收费 ④俱乐部会员费 ⑤技能培训费 ⑥订阅体育报刊和购买体育图书 ⑦观看赛事门票 ⑧购买体育彩票 ⑨其他______

5. 您通过哪些途径了解大众体育的相关知识？

①电视 ②广播 ③报纸 ④杂志 ⑤网络 ⑥亲朋好友 ⑦其他______

6. 影响您参与大众体育活动的主要因素：

①没兴趣 ②空闲时间较少 ③工作负担重 ④怕被他人嘲笑 ⑤不会锻炼 ⑥场地较少，场地不方便 ⑦不适合自己 ⑧锻炼费用较高 ⑨体弱无法锻炼 ⑩缺少体育设施、器械 ⑪用不着 ⑫没理由 ⑬自身惰性

7. 您觉得如何有效提高市民参加大众体育锻炼的兴趣：

①增加体育公共休闲活动场所 ②改善大众健身场所设施 ③丰富大众体育休闲形式 ④政府加大对全民健身运动宣传 ⑤市民提高参加体育休闲锻炼意识 ⑥举办大型体育赛事 ⑦其他______

8. 您认为我市还应该添加的大众体育锻炼设施所在地是：

①公园、广场 ②体育场馆、健身房、俱乐部 ③工作单位配套体育设施

④体育公共活动场所 ⑤住宅小区花园 ⑥其他______

9. 您是通过什么途径了解相关体育信息的？

①体育门户网站 ②电视 ③报刊 ④体育讲座 ⑤体育宣传册 ⑥体育宣传橱窗 ⑦其他______

10. 您所在的区域有哪些体育组织？

①文体局 ②文体站 ③乡镇体育部门 ④村委会 ⑤群众体育组织 ⑥体育协会 ⑦其他______

11. 您所在的区域有哪些体育活动？

①群众体育活动 ②全民健身活动 ③特色体育活动 ④体育竞赛活动 ⑤体育培训活动 ⑥体育表演活动 ⑦其他______

12. 您认为您所在区域组织体育活动的主要原因是？

①政府号召 ②群众要求 ③社会发展带来的结果 ④其他______

13. 您觉得天津市城乡体育公共服务的差异性主要表现在：______

①经费投入差异、场地设施差异 ②体育观念差异 ③体育公共服务组织差异 ④体育公共信息传播与监督差异 ⑤体育公共活动差异 ⑥其他______（请把您选择的选项进行排序）

14. 您觉得天津市城乡体育公共服务差异性产生的原因有哪些？

①城乡经济发展不均衡 ②城乡二元结构的管理体制影响（政府关注城区多，考虑乡镇、农村少） ③城乡分割的体育公共服务供给机制（财力、物力、人力等供给差别），乡镇、农村居民的体育观念低于城区居民 ④政府体育公共服务管理职能没有被积极发挥（人员、场地设施等管理不善） ⑤体育公共服务法律法规与监督机制不健全 ⑥其他______

15. 您觉得以下哪些途径可以促进城乡体育公共服务均衡发展？

①加大乡镇、农村体育公共服务的投入力度 ②积极开发农村经济，加快城乡经济协调发展 ③提升政府体育公共服务职能，完善监督管理机制 ④扩大社会体育指导员队伍，加大管理与培训力度 ⑤提升城乡居民的体育健身意识 ⑥健全法律法规体系，完善体育公共服务管理人员的绩效考评制度

16. 对缩小天津市城乡体育公共服务差距、促进天津市城乡体育公共服务均衡发展，您还有什么好的建议？

问卷调查到此结束，再次感谢您的帮助！

附录2：　天津市居民对大众体育公共服务的满意度调查表

尊敬的居民朋友：

您好！非常感谢您能抽出时间协助完成此次调查！我们希望通过本问卷了解当前天津市区城乡大众体育公共服务的发展情况。调查的目的在于促进天津市城乡大众体育公共服务协调、均衡地发展，尽量满足天津市城乡居民对体育的需求。本调查是匿名调查，涉及的问题不存在正确与否，也无好坏之分。请您根据自己的实际情况填写问卷，衷心感谢您的支持与配合！

（回答方式：此问卷不记名，涉及的问题不存在正确与否。您只需在相应的选项空格处上画“√”，对您的配合再次表示感谢！）

您对目前大众体育公共服务的满意度（请在相应选项打“√”）

项目	满意度				
	非常满意	满意	一般	不满意	非常不满意
体育场地设施数量					
体育设施的便利性					
体育场地设施收费					
体育设施开放时间					
体育设施的管理与维护					
健身指导与培训信息咨询					
体育信息咨询					
居民体质监测					
体育公共服务总体状况					

附录3：　天津市大众体育公共服务访谈提纲

您好！我是天津体育学院一名教师，目前正在进行一项研究，名称为“天津市大众体育公共服务实施策略研究”。这次访谈希望从您那里了解天津市城乡大众体育公共服务的发展现状、差异性及产生的原因，您对如何促进城乡体育公共服务均衡发展的看法。在访谈过程中您可以主动发表自己的意见，随时提出问题，随时打断谈话。衷心感谢您的帮助！

（1）据您了解，目前天津市城乡体育公共服务的整体发展情况怎么样？

（2）您能说一下目前天津市城区和乡镇体育公共服务开展的具体情况吗？

（3）您在开展天津市城区和乡镇体育公共服务的过程中分别遇到了一些什么问题？

（4）您认为目前天津城区和乡镇体育公共服务的差异性具体表现在哪些地方？

（5）您对天津市城乡体育公共服务存在的这些差异性有什么看法？

（6）您觉得这些差异性的存在对城乡体育公共服务的发展有什么影响？

（7）如果要缩小天津市城乡体育公共服务的差距，您觉得应该从哪些方面着手？

（8）您对天津市城乡体育公共服务均衡发展有什么看法？

（9）天津市城乡体育公共服务如果要均衡发展，您认为将面临什么样的困境？

（10）要摆脱上述的困境，您认为应该从哪些方面努力？

（11）您对这次访谈有什么样的感受？

访谈到此结束，再次感谢您的支持和帮助！